Dr. theol Michael Nüchtern, geb. 1949, war von 1995 bis 1998 Leiter der evangelischen Zentralstelle für Weltanschauungsfragen und ist seit 1998 Oberkirchenrat der Evangelischen Landeskirche in Baden. Seine zahlreichen Publikationen beschäftigen sich vielfältig und sachkundig mit dem Christentum und seiner weltanschaulichen Umwelt.

Michael Nüchtern

Himmels-
echo

Muster christlicher
Spriritualität entdecken

Vandenhoeck & Ruprecht

Bibliografische Information der Deutschen Bibliothek

Die Deutsche Bibliothek verzeichnet diese Publikation in der
Deutschen Nationalbibliografie; detaillierte bibliografische Daten sind
im Internet über <http://dnb.ddb.de> abrufbar.

ISBN 3-525-60415-7

Umschlaggestaltung: Rudolf Stöbener

Satz: Weckner Fotosatz GmbH | media+print, Göttingen
Druck und Bindung: Hubert & Co., Göttingen

Gedruckt auf alterungsbeständigem Papier.

Vorwort

Stellen Sie sich vor: Sie befinden sich auf einer Reise in einer fremden Stadt und sehen eine Kirche. Sie werden wahrscheinlich sofort merken, ob es sich etwa um eine Barockkirche oder eine gotische Kathedrale handelt. Keine gotische Kirche ist wie die andere. Aber es gibt gewisse charakteristische Eigentümlichkeiten, die den gemeinsamen gotischen Stil verraten: Spitzbögen, Wände, die durch Säulen und Fenster fast aufgelöst werden, u. a. m. Auch umgekehrt verbinden die Kirchen des Barock, so unterschiedlich sie sein mögen, bestimmte Formen und Muster, an denen sie erkennbar sind. Die jeweilige Architektur ist auch verantwortlich für das Raumgefühl, das ein Gebäude vermittelt.

Was für die Gebäude der Kirchen gilt, lässt sich auf die Religion übertragen: Es gibt besondere Eigentümlichkeiten christlicher Religiosität und Frömmigkeit. Ich meine damit nicht in erster Linie bestimmte Inhalte des Glaubens, also etwa biblische Geschichten, Lehren über Gott und Jesus Christus, sondern Grundmuster, die der Frömmigkeit ihre besondere Gestalt geben. Wie Bauwerke des Barock oder der Gotik an formalen Eigentümlichkeiten zu erkennen sind, so hat auch eine Spiritualität bestimmte Grundmuster. Und wie man nach der Architektur der

Kathedralen oder Kirchen fragen kann, so kann man auch die Strukturen christlicher Frömmigkeit entdecken. Natürlich hängen diese mit den Inhalten des Glaubens zusammen. Die Grundmuster können freilich auch da wirksam sein, wo die Inhalte des christlichen Glaubens gar nicht mehr bewusst und vielleicht nur noch wie ein verborgener Text im Speichergedächtnis vorhanden sind.

Die folgenden Kapitel sind für diejenigen geschrieben, die neugierig sind und ausprobieren möchten, wie nah oder wie fern ihnen nicht einzelne christliche Lehren, sondern sozusagen die Architektur und das Raumgefühl christlicher Frömmigkeit sind. Die Architektur christlicher Frömmigkeit schafft einen Lebensraum. Sie bietet Geborgenheit und verlockt, Neues zu wagen. Sie strahlt Hoffnung aus und lässt Bodenhaftung behalten. Sie ist Grenze und Kraft, schafft Begegnung und wahrt das Geheimnis Gottes und der Lebendigkeit.

Michael Nüchtern

Inhalt

I Grenze und Kraft

„Niemand lasse den Glauben fahren,
dass Gott durch ihn
eine große Tat tun will."

Martin Luther

1 *Himmelsecho*

Als vor einigen Jahren in unserem Land überlegt wurde, auf welchen Feiertag man zugunsten der Pflegeversicherung verzichten könnte, wurde auch der Himmelfahrtstag genannt. Nach einer damals gemachten Umfrage waren es freilich nur sehr wenige Bundesbürgerinnen und Bundesbürger, die meinten, man solle diesem Feiertag den besonderen gesetzlichen Schutz nehmen. Vermutlich ist es nicht nur der christliche Sinn, der die Sympathie für diesen Feiertag begründet. Bekanntlich hat sich in weiten Kreisen die Bezeichnung „Vatertag" etabliert. Die weltliche Nutzung dieses Feiertags für Ausflüge und Radtouren ins Grüne verrät nicht unbedingt die Wertschätzung eines christlichen Festes, aber etwas Elementares: Sehnsucht nach dem blauen Himmel. „Auch die Augen brauchen ihr täglich Brot – den Himmel", hat einmal ein kluger Mensch gesagt.

Über den Wolken

„Über den Wolken muss die Freiheit grenzenlos sein ..." Die Freude am weiten Himmel ist in populären Liedern ein beliebtes Motiv. „Lass die Sonne in dein Herz, schick die Sehnsucht himmelwärts ..." Wer in der Alltagssprache

„Himmel" sagt oder vom blauen Himmel erzählt, der die Urlaubstage erst zum richtigen Urlaub macht, benennt etwas Besonderes: einen Ort des Lichts und der Weite. „Ich tanze mit dir in den Himmel hinein ..." Unwillkürlich stellt man sich bei diesem Liedchen die Bewegung nach oben vor, dorthin, wo immerwährende Glückseligkeit ist. Wer sich wie im „siebten Himmel" fühlt, ist weit entrückt von allem Irdischen und Begrenzten. Oben, weit, grenzenlos, offen – das sind die Eigenschaftsworte, die zum Himmel einfallen.

Den Himmel können Menschen deswegen kaum nur sachlich registrieren und wahrnehmen, sei es am hellen Tag oder in der dunklen Nacht. Je mehr sich die Augen an einem Sommerabend unter einem Sternenhimmel an den Nachthimmel gewöhnen, desto deutlicher erkennt man die Sterne, desto tiefer scheint sich der Raum des Himmels zu öffnen. Staunen, ein Gefühl von Geborgenheit und Kleinheit zugleich waren und sind stets die Reaktionen auf den „gestirnten Himmel über uns".

Der Schauspieler Dustin Hoffmann bekennt (vgl. Süddeutsche Zeitung vom 22./23.03.2003): „„Bei uns zu Hause gab es keine Religion. Nie.' Er selbst habe aber stets Gespräche mit Gott geführt. ‚Wenn ich nachts rausgehe, den Sternenhimmel betrachte und die Anordnung der einzelnen Himmelskörper, sage ich: Das ist kein Zufall ... Das hat etwas Erhabenes."

Der Anblick des Himmels kann ergreifen; er ist sozusagen mit einer natürlichen Religiosität verbunden, die in Spuren auch in der Bibel begegnet: „Wenn ich sehe die Himmel, deiner Finger Werk, den Mond und die Sterne ..." (Psalm 8).

Staunen vor der Weite
des Weltraums

In vielen Religionen ist der Himmel die Wohnstatt der Götter. Wegen dieses immer auch irgendwie religiösen Glanzes, den der Himmel hat, ging die Botschaft jenes ersten sowjetischen Kosmonauten eigentlich an der Sache und an der Seele der Menschen vorbei, als er nach seiner Landung in die Mikrofone verkündete, einen Gott habe er da oben im Weltraum nicht gefunden. Dass der Himmel etwas ganz anderes ist als der Weltraum, weiß im Grunde jedes Kind. Die Engländer haben es in dieser Hinsicht noch einfacher als wir, insofern sie zwei unterschiedliche Begriffe in ihrer Sprache kennen: „sky" – das ist das, was wir blau oder ver hangen draußen sehen, vermessen und mit Flugkörpern befahren; „heaven" – das ist ein Begriff aus der religiösen Sprache, der Ort Gottes. Und doch haben gerade viele Astronauten von einem andächtigen Staunen, einem religiösen Gefühl erzählt, das die Weite des Weltraums und der Anblick der blauen Erde im dunklen All bei ihnen auslöste.

In seiner Lebenserinnerung schreibt der Physiker und Philosoph Carl-Friedrich von Weizsäcker: „Zu meinem 12. Geburtstag bekam ich eine drehbare, also auf Tag und Stunde einstellbare Sternkarte. ... Mit meiner Karte entwich ich ... in die warme, wunderbare Sternennacht, ganz allein. Das Erlebnis einer solchen Nacht kann man in Worten nicht wiedergeben, wohl aber den Gedanken, der mir aufstieg ... In der Herrlichkeit des Sternenhimmels war irgendwie Gott gegenwärtig. Zugleich aber wusste ich, dass die Sterne Gaskugeln sind, aus Atomen bestehend, die den Gesetzen der Physik genügen. Die Spannung zwischen diesen beiden Wahrheiten kann nicht unauflöslich sein. Wäre es möglich, auch in den Gesetzen der Physik einen Abglanz Gottes zu finden?" (Der Garten des Menschlichen, Frankfurt 1980, S. 412).

Nicht im rechnenden, Entfernungen messenden Verstand, sondern im Staunen und im Berührtsein der Menschen von der Weite des Kosmos können sich Religion und moderne Astronomie darum ein Stück weit begegnen. Für Gott und seinen Himmel ist nicht in den Lücken naturwissenschaftlicher Erkenntnis Platz. Wissenschaft hört da auf und Religion fängt da an, wo Menschen die Frage nach den Konsequenzen der Berechnungen und Forschungen des Verstandes zulassen und eigene Antworten darauf zu suchen beginnen. Ist der sich ausdehnende Weltraum Zufall, sinnhaftes Geschehen, Geheimnis? Folgt dem Blick durch das Weltraumteleskop auch Faszination, Demut, dankbare Verpflichtung zur Erhaltung der schönen Erde?

Wo die Himmel mehr erzählen als Zahlen, erfasst Menschen ein religiöses Gefühl; wo sie die Ehre Gottes erzählen (Psalm 19), beginnt der Glaube. Wo der Anspruch, der Sinn und die Verbindlichkeit unseres Staunens und Berührtseins von der Weite des Himmels zum Thema werden, geht es um Gott. Glaube ist die Resonanz, das Echo einer sehr bestimmten Erfahrung des Himmels. „Wenn ich sehe die Himmel, deiner Finger Werk, den Mond die Sterne, die du bereitet hast: was ist der Mensch, dass du seiner gedenkst, und des Menschen Kind, dass du dich seiner annimmst?" (Psalm 8,4 f.). Wie die Augen über den Nachthimmel gleiten, so vollzieht auch dieser Psalmvers eine eigentümliche Bewegung. Diese Bewegung beginnt bei dem Ich des Beters, führt zu dem Mond und den Sternen des Himmels und von dort wieder zurück zu dem Ich. Auf diesem Weg verändert sich das Ich; es gibt ein Stück seiner naiven Selbstverständlichkeit auf und wird sich selbst zur Frage: Wer bin ich, was ist der Mensch, dass du seiner gedenkst?

Die Worte des Psalms beschreiben eine Kreisbewegung, genauer eine Spirale. Durch das Aufsehen zu den Sternen verändert sich die Sicht auf das eigene Ich. Das Ich wird unsicher – oder gewisser, je nachdem wo man den Akzent setzt: auf die Frage „Was ist der Mensch?" oder auf das Bekenntnis „... dass du seiner gedenkst". Fast möchte man dazu ermuntern, diesen Satz leise vor sich hin zu sprechen, seiner Bewegung zu folgen und nachzuspüren, ob er mehr nach zweifelnder Frage, bewegtem Staunen oder gefestigter Gewissheit klingt.

Die Suche nach Sinn und die Suche nach Gewissheit auf dem Grund der Überzeugung, dass das Leben hier auf der Erde doch in einem Zusammenhang stehen müsste mit dem unzählbaren Heer der Sterne, ist die Ursprungssituation auch astrologischer Anstrengungen. Ein astrologischer Text ist der Bibeltext freilich nicht. Er streift den gestirnten Himmel nur, um zu dem zu finden, den „aller Himmel Himmel nicht fassen können" (1. Könige 8,27). Sinn und Trost entdeckt der Beter des Psalms nicht in den Sternen, sondern indem die Sterne transparent werden für die staunenswerte Überzeugung, dass Gott des Menschen gedenkt und sich seiner annimmt. Das „sagen" die Sterne in Psalm 8.

Freilich: Kann uns, wenn wir wissenschaftlich und rational denken, der gestirnte Himmel etwas anderes sagen, als dass wir „verirrte Zigeuner am Rande des Universums" (Jacques Monod) sind auf einem kleinen, blauen Planeten, der zufällig Bedingungen für Leben enthält? Für einen kritischen Blick lässt sich aus dem Nachthimmel kein Lebenssinn ableiten.

Mit dieser modernen Auffassung hat der biblische Psalm durchaus etwas gemeinsam: Der Sinn des menschlichen Lebens ist nichts Selbstverständliches. Die Frage nach dem Sinn des menschlichen Lebens bliebe offen, ließe sich nicht beantworten, wenn Gott nicht seiner gedächte. Martin Luther schrieb in einer Auslegung des Psalms: „Es ist ein großes Wunder, dass der Mensch, der doch bei sich selbst und vor aller Augen ein verlassenes, verzweifeltes, gottvergessenes Wesen ist und nichts weniger fühlt, als dass Gott seiner gedenkt, dennoch im Gedächtnis Gottes ist."

Diese letzten vier Worte Martin Luthers enthalten eine der tiefsten Aussagen christlichen Glaubens über den Menschen: Unser Sein ist „im Gedächtnis Gottes". Menschen haben Heimat und eine bleibende Verankerung in den Gedanken Gottes an sie.

Den Himmel vor Augen

In der Tageszeitung der badischen Metropole konnte man kürzlich über einer Meldung folgende kleine Überschrift lesen: „Blick zum Himmel rettete das Leben." Nein, es ging nicht um ein vom Himmel erhörtes Stoßgebet. Der zufällige Blick nach oben ließ Herrn X einen herabstürzenden Dachziegel wahrnehmen. Die erkannte Gefahr machte ein rasches Ausweichen möglich. Das Leben oder doch zumindest die Gesundheit war gerettet. Manchmal ist es offenbar gut, den Himmel vor Augen zu haben.

Eine elementare menschliche Grunderfahrung ist es, auf der Erde zu stehen und über uns den Bogen des Himmels zu sehen. Insofern können wir in gewissem Sinne den Himmel nicht vergessen. Unsere Grunderfahrung als Menschen ist das Leben in einer Spannung zwischen hier und dort, zwischen unten und oben, zwischen diesseits und drüben. Freilich: Wir können diese Grunderfahrung, dass sich über uns der Bogen des Himmels wölbt, sehr unterschiedlich deuten.

Das Staunen über den gestirnten Himmel liegt so nahe. Es kann zum Ausgangspunkt von vielem werden – auch von Gedanken über etwas jenseits der Welt. Gleichwohl hat die Bestreitung einer Welt jenseits der Welt eine lange Geschichte. Ein Beispiel ist Heinrich Heine (1797 – 1856) in seinem Gedicht „Im traurigen Monat November war's" aus „Deutschland, ein Wintermärchen":

> *„Sie sang von Liebe und Liebesgram,*
> *Aufopf'rung und Wiederfinden*
> *dort oben, in jener besseren Welt,*
> *wo alle Leiden schwinden.*
> *Sie sang vom irdischen Jammertal;*
> *von Freuden, die bald zerronnen,*
> *vom Jenseits, wo die Seele schwelgt,*
> *verklärt in ew'gen Wonnen.*
> *Sie sang das alte Entsagungslied,*
> *das Eiapopeia vom Himmel,*
> *womit man einlullt, wenn es greint*
> *das Volk, den großen Lümmel.*
> *...*
> *Ein neues Lied, ein besseres Lied,*
> *oh Freunde, will ich Euch dichten!*
> *Wir wollen hier auf Erden schon*
> *das Himmelreich errichten."*

Interessant ist, dass gerade die Kritiker eines religiösen Himmels nicht ohne Himmelsvorstellungen auskommen. Die Verbesserung des Diesseits wird zum wahren Weg zum Himmel; der durchaus unterschiedlich vorgestellte „Himmel auf Erden" wird das Ziel aller Anstrengungen. Dabei kann eine „klassenlose Gesellschaft" gemeint sein oder die „himmlischen Vergnügungen" individuellen Genusses. Auch diese Ideen leben vom Mehrwert und vom Sinnpotential des religiösen Wortes „Himmel". Es ist im Grunde weniger die Frage, ob es einen „Himmel" gibt, sondern was jeweils „Himmel" genannt wird.

Der Himmel des Glaubens lässt sich in der Tat nicht beweisen und vermessen. Vermessen, untersuchen können wir nur Diesseitiges, was den Weltraum durchaus einschließt. Aber ist deswegen die Rede vom Himmel sinnlos, wie uns ein positivistisches Denken suggerieren will? Der Himmel wäre nicht mehr der Himmel, wenn er vermessbar wäre. Das total begriffene, verstandene Jenseits wäre ein

Teil des Diesseits. Dass der „Himmel und aller Himmel Himmel" Gott nicht fassen können, steht schon im Alten Testament (1. Könige 8,27). Unser Erkenntnisvermögen ist nur begrenzt und passt deswegen nicht zum Unbegrenzten. Die Grenze des Erkennbaren muss nicht mit der Grenze des Wirklichen zusammenfallen. Dass gerade naturwissenschaftliches Nachdenken über unser Erkenntnisvermögen Raum schafft für das Jenseits, für den Himmel, hat Hoimar von Ditfurth gezeigt: Wie der Huf des Pferdes oder die Flosse des Fisches der Fortbewegung in der Steppe bzw. im Wasser „angepasst" sind, so ist auch der menschliche Verstand und Geist „angepasst" für die Orientierung auf der Erde. Unser Verstand, so sagt Ditfurth, die Thesen der evolutionären Erkenntnistheorie zusammenfassend, hat sich im Wechselspiel mit den Eindrücken und den Erfordernissen des Lebens auf der Erde gebildet. Der menschliche Verstand hat seinen Raum, seinen Bereich; über das Jenseits weiß er nichts. Aber er weiß um seine eigene Begrenztheit.

Geheimnis und Hoffnung

Wenn wir nach der christlichen Bedeutung des Wortes „Himmel" fragen, müssen wir in die Bibel schauen. Der Himmel des Glaubens ist weniger ein geometrischer Raum, sondern der Machtbereich Gottes. Der Himmel bezeichnet darum eine Grenze und eine Kraftquelle, ein Geheimnis und eine Hoffnung.

Als Grenze bezeichnet er den allem menschlichen Wissen und Verstehen entzogenen Machtbereich *Gottes*. Wenn wir in diesem Sinne „den Himmel vor Augen haben", gewinnen wir die Einsicht: Es gibt in der Geschichte der Welt und des Einzelnen Lebensfragen, die können und wollen wir nicht lösen. Sie sind und bleiben für uns ein Geheimnis. Warum das 4-jährige Kind auf dem

Fahrrad von einem Auto erfasst wurde und starb, warum es das Böse gibt auf der Welt und Menschen sich so töricht, machtbesessen und verblendet verhalten, dass Krieg und Gewalt Leid auf Leid häufen, all das können wir nicht erklären. Wie es aussehen wird in der Welt Gottes und es sein wird nach unserem Tod, können wir nicht sagen. Wir würden den Himmel als Himmel Gottes aus den Augen verlieren und vergessen, wenn wir hier ein Wissen vortäuschen wollten. Vom Himmel reden heißt in diesem Sinne: Fragen offen halten, auch und gerade gegenüber denjenigen – z.B. in der Esoterikszene –, die hier ein endgültiges und sicheres Wissen behaupten und anpreisen. Wenn wir vom Himmel im Sinne des Geheimnisses reden und schnelle Antworten auf die letzten Fragen des Lebens zu vorläufigen machen, wahren wir unsere Verbundenheit mit der Erde. Gott ist im Himmel, heißt es einmal im Buch Prediger, aber du bist auf der Erde (Prediger 5,1). Wir können diese Fragen auch offen halten, weil der christliche Glaube von der Verheißung herkommt, dass Gott mit uns durch die Rätsel und Dunkelheiten des Lebens geht und sich dereinst die Geheimnisse lösen werden. Er führt aus der Finsternis ins Licht. Einstweilen aber leben wir im Glauben, nicht im Schauen, und unser Erkennen ist Stückwerk. Wir sind der Erde verbunden.

Kraft der Nähe Gottes

Wie sehr der Himmel der Bereich für das Verborgene Gottes ist, so sehr, ja noch viel mehr, ist er in der Bibel auch eine Macht, die Menschen begegnen und sie verwandeln kann. Der Himmel des Glaubens ist in diesem Sinne dann kein ferner Raum, sondern der Machtbereich Gottes. Dieser Machtcharakter des Himmels wird besonders in dem biblischen Bild vom Reich Gottes ausgedrückt. Das Himmelreich, das „nahe" herbeigekommen ist (Markus 1,14), lässt Menschen die Richtung ihres Lebens ändern. Die Nähe des Himmels ist die Kraft, mit der er uns bewegt. Der Machtcharakter des Himmels entspricht der menschlichen Erfahrung, dass sich Überraschendes, plötzlicher Sinn, Neues im Leben immer wieder zeigen können. Ein modernes christliches Lied ist genau von dieser Vorstellung gekennzeichnet, wenn wir seinen Text wörtlich verstehen: „Der Himmel geht (!) über allen auf, auf alle über, über allen auf." In Jesu Gleichnissen ist das Himmelreich ein Fest, zu dem Einladungen ergehen. Das Fest bringt Menschen in Bewegung: Die Brautjungfern machen sich auf zur Hochzeit, dem Bräutigam entgegen; der Kaufmann, der die kostbare Perle gefunden hat, verkauft, was er hat, um diese eine Perle zu erwerben. Das Himmelreich ist in der Bibel eine Macht, die uns ergreift – wie der Sturmwind oder die Welle. Die Kraft des Himmels richtet die Welt und richtet deswegen Menschen aus.

Eine charakteristische biblische Redeweise lautet, dass der Himmel „sich öffnet". Das Verborgene ergreift machtvoll die Menschen. Der erste christliche Märtyrer Stephanus sieht, als er gesteinigt wird, Christus im offenen Himmel zur Rechten Gottes. Den Hirten auf dem Felde erscheinen in der Weinnachtsgeschichte des Nachts die Engel vom Himmel in der Klarheit Gottes und verkünden ihnen, dass das Heil der Welt sehr irdisch in Windeln gewickelt in einer Krippe liegt (Lukas 2). Nach seiner Taufe sieht Jesu, wie sich der Himmel öffnet und der Geist Gottes auf ihn kommt (Markus 1,9–11). An Pfingsten erleben die Jünger Jesu, wie sich der Himmel über ihnen öffnet (Apostelgeschichte 2). Es ist jetzt der Geist Gottes und Jesu, der Menschen begeistert. Ergriffen von der Macht Jesu und im Glauben erleben wir, wie ein Licht aufgeht, unsere irdische Existenz sozusagen ein Fenster bekommt, der graue Alltag aufgebrochen und geweitet wird. Plötzlich und ohne dass wir es machen können, haben wir dann den Himmel ganz anders vor Augen. Dieser offene

Himmel ist kein Sachverhalt an sich, sondern ein Beziehungsgeschehen, also ein Vorgang, der mit seiner Kraft Menschen motiviert und Erde verwandelt.

Dieser Beziehungscharakter der biblischen Rede vom offenen Himmel wird besonders deutlich beim Segen. Nicht zufällig prägt das Bild des offenen Himmels nämlich auch die Sprache des Segens: „Der Herr segne dich und er behüte dich, der Herr lasse leuchten sein Angesicht über dir und sei dir gnädig, der Herr erhebe sein Angesicht auf dich und gebe dir Frieden." Der offene Himmel ist Segen für die Erde. Gerade die, für die sich der Himmel öffnet, werden mit der Erde verbunden.

Jede Himmelsvorstellung spiegelt sich in einer bestimmten Vorstellung vom irdischen Leben. Welche Vorstellung vom irdischen Leben entspricht der christlichen Himmelsvorstellung? Wir können und sollen es an der Person Jesu und seiner Geschichte vom Stall von Bethlehem über das Kreuz von Golgatha und den Garten des Joseph von Arimathia bis zur Himmelfahrt ablesen. Er, der Himmlische, wird irdisch, wird Mensch; er erleidet den Tod und wird durch Gottes Kraft auferweckt. Hier gibt es keine Verachtung des Irdischen, sondern Nähe und Liebe zum irdischen Menschen.

Diese Vorstellung vom Himmel meidet zwei Gefahren. Auf der einen Seite besteht die Gefahr, dass der Himmel beziehungslos zum Leben der Menschen bleibt – das ist die Position der scheinbar realistischen Atheisten. Sie verachten den Himmel und sagen: Die Erde ist die Erde und sonst gibt es nichts. Auf der anderen Seite besteht die Gefahr, dass Menschen glauben, über den Himmel verfügen und sich seiner Kraft bemächtigen zu können – das ist die Position der Illusionisten. Sie verachten die Erde, wie sie ist, und sagen: Wir haben die Geheimnisse entschlüsselt und verfügen über das Wissen, um die Erde zum Paradies zu machen. Christen dagegen glauben, dass die Erde Schöpfung Gottes ist. Sie wird von der Kraft des Himmels jetzt gesegnet und erhalten und dereinst durch Gottes Gericht in eine neue Schöpfung vollendet und verwandelt. Stets geht es um beides: das bleibende Geheimnis und die Kraft der Beziehung, die von Gott im Himmel ausgeht und unser Leben bestimmen, begleiten und behüten will. Der Himmel ist für die Glaubenden eine Grenze. Sie entspricht der Tatsache, dass wir Menschen sind und nicht Gott. Der Himmel ist für uns aber auch die Quelle einer unzerstörbaren Lebenskraft. Wer glaubt, öffnet sich auch selbst bewusst dieser Kraft des Himmels. Sie ist nichts anderes als der Geist Jesu. Man könnte sagen: Was die Welt und die Weltgeschichte umgibt wie ein weiter wärmender Mantel, ist nicht bloß des Himmels Blau, sondern Christus selbst. Der Himmel ist sozusagen sein leuchtendes, segnendes Antlitz. Der Himmel und die Sonne, „die uns lachen", ist dann – wie es in dem Lied von Paul Gerhardt heißt – „mein Herr Christ" (EG 351,13).

Der Sinn des Himmelfahrtsfestes ist darum auch keine mess- und berechenbare Auffahrt Jesu Christi in den Weltraum. Vielmehr wird erzählt, dass JesusOsich aus der Begrenztheit der sinnlich wahrnehmbaren Welt, des irdischem Raums und der irdischen Zeit entfernt hat, um ewig präsent zu sein. Die Entfernung Jesu aus der Welt ist die Bedingung für seine Erhöhung, seine Aufnahme in den Machtbereich Gottes. Jesu Erhebung zu Gott ist der Sinn und der Grund des Himmelfahrtsfestes, wie wir es im Apostolischen Glaubensbekenntnis bekennen: „... aufgefahren in den Himmel; er sitzt zur Rechten Gottes, des allmächtigen Vaters ..." Die Lieder des Gesangbuches zum Himmelfahrtsfest singen und loben daher alle seine Macht und seine Herrschaft (z.B. „Jesus Christus herrscht als König, alles wird ihm untertänig ... " EG 123). Was die Jünger Jesu als leibliche Entfernung ihres Herrn erlebten, ist seine geheimnisvolle Nähe zu allen Menschen aller Zeiten. „Gen Himmel aufgefahren hoch, ist er doch allzeit bei uns noch; Halleluja, Hallelujah; sein Macht und Reich unendlich ist ..." (EG 121,2). Was die Welt und die Weltgeschichte umgibt wie ein weiter wärmender Mantel, ist nicht bloß des Himmels Blau, sondern Christus selbst. Durch die Himmelfahrt wird der Himmel und das Jenseits in einem tiefen Sinne christlich bestimmt. Im Jenseits wartet nicht ein anonymer Gott, sondern der, der die Beladenen zu sich rief: „Kommt her zu mir alle, die ihr mühselig und beladen seid ..." (Matthäus 11,28). Der Himmel ist sozusagen sein segnendes, leuchtendes Antlitz. Er – Christus – bestimmt den Sinn und die Bedeutung des Wortes Himmel.

Der ganzen Dynamik des Himmelfahrtsfestes kommt man erst auf die Spur, wenn man bedenkt, dass Himmelfahrt in unmittelbarer Nachbarschaft des Pfingstfestes gefeiert wird. Himmelfahrt und Pfingsten gehören zusammen (vgl. Apostelgeschichte 1,8 und Johannes 16,7 f.). Geht an Himmelfahrt sozusagen die Bewegung in die Höhe, so an Pfingsten die Bewegung aus dem Himmel herab auf die Erde. Die Erhöhung Christi zu Gott und seiner Macht ist die Bedingung dafür, dass sein Geist machtvoll auf die Erde kommen und Menschen ergreifen kann. An Pfingsten öffnet sich sozusagen der Himmel. Ergriffen von der Macht Jesu und im Glauben erleben wir, wie ein Licht aufgeht, der Himmel sich öffnet, wie der graue Alltag aufgebrochen und geweitet wird.

Diese Kraftquelle lässt sich gewiss vergessen oder verachten. Man lebt, als gäbe es sie nicht. Dann bleibt der Himmel verschlossen, ob er noch so blau strahlen oder voller Sterne stehen mag. Aber wer hält das auf Dauer aus?

Die eigentümliche Konsequenz daraus, dass Gott verachtet und sein Himmel vergessen wurde, war darum stets, dass die Menschen versuchten, die Erde zum Himmel zu machen. Dabei kann eine „klassenlose Gesellschaft" gemeint sein, wie es die Marxisten des vergangenen Jahrhunderts erhofften, ein Leben ohne Leid mit ewiger Gesundheit und Jugend, wie es heute manche von der Medizintechnik erhoffen oder auch ein über persönliches Leid erhebendes Wissen, wie es der Esoterikmarkt anbietet. In all diesen Vorstellungen wird aus der Spannung zwischen Erde und Himmel ein in der Hand des Menschen liegender Entwicklungsprozess. Es muss kaum erinnert werden, dass alle Versuche in den letzten 150 Jahren, hier auf Erden schon das Paradies zu errichten, nicht nur gescheitert sind, sondern zum Teil diese Erde in eine Hölle verwandelt haben.

Gerade um der Treue zur Erde willen wird im Gebet Jesu „unser Vater im Himmel" angerufen. „Sein Name werde geheiligt" – dies deutet auf das Geheimnis hin und die Grenze, die unserem Wissen und Vermögen gesetzt sind. „Sein Reich komme, sein Wille geschehe" – das deutet auf die Kraft hin, die von Gott her das Leben erfüllt und bewegt.

2 Zeitruhe

In dem Roman „Gullivers Reisen" des irischen Pfarrers Jonathan Swift wird erzählt, wie der Seefahrer Gulliver auf einer einsamen Insel strandet. Sie wird von Zwergen bewohnt. Das kleine Volk untersucht die Taschen des ohnmächtigen Schiffbrüchigen und findet einen runden Gegenstand. Die eine Seite ist aus Glas, die Rückseite silbrig. Der Gegenstand gibt ein tickendes Geräusch von sich. So ein rundes Ding kennen die Bewohner der fernen Insel nicht. Sie fragen den Seemann: „Was ist das?" Gulliver versucht zu erklären: Er trage dieses Ding immer bei sich, richte seinen Tag danach und könne sich nicht vorstellen, ohne es zu leben. Die Zwerge glauben zu verstehen: „Aha", erwidern sie, „das ist also dein Gott!"

Die Wichtigkeit von Uhren für unseren persönlichen Alltag und für unsere Gesellschaft ist kaum zu überschätzen. Wir denken, empfinden und leben im Takt der Minuten und Stunden. Zeit muss genutzt werden. Maschinen erbringen in kürzerer Zeit immer mehr Leistung. Menschen tun es den Maschinen gleich und füllen Stunden und Tage mit immer mehr Vorhaben und Erlebniswünschen. So beherrscht uns die Zeit, indem wir immer mehr und erfolgreicher versuchen, sie zu beherrschen. Gehetzt zu sein ist daher ein Gefühl, das sich immer mehr ausbreitet. Wir haben keine Zeit mehr, weil wir sie immer mehr sparen müssen. Die Uhr, die Zeit scheint ein mächtiger Gott zu sein.

Die gegenwärtigen Generationen erleben, wie der Strom der Veränderungen immer schneller fließt und alles, auch das scheinbar Feste und Stabile erfasst. Das ist reizvoll und erschreckend zugleich. Wie haben sich die Städte und die Dörfer oder unser Alltagsleben in den letzten 20, 30 Jahren verändert: Handys und Internet, aber auch die Beziehungen der Menschen und die politischen Verhältnisse. Immer kürzer sind Verfallszeiten von Wissen, Gebrauchsgegenständen und menschlichen Beziehungen geworden. Ein Philosoph hat mit Recht vom „verkürzten Aufenthalt in der Gegenwart gesprochen" (Hermann Lübbe).

Es ist müßig, hierüber zu klagen, aber durchaus sinnvoll, an ein Bibelwort zu erinnern, das geradezu gegensätzlich zu allen Erfahrungen des Wandels und der Hetze ist: „Meine Zeit steht in deinen Händen" (Psalm 31,16). Ehe die Betenden im Psalm dies aussprechen, vergewissern sie sich: „Du bist mein Gott!" Die Aussage über die Zeit, die in Gottes Händen steht, ist eine abgeleitete, nämlich eine Konsequenz des Glaubens, dass „Du mein Gott bist" und nicht die Zeit oder die Uhr.

Wo wir Beschleunigung und Veränderung erfahren, stellt der Psalmvers ein sehr ruhiges Bild vor Augen. Wenn wir den Satz nachsprechen, kommen wir ganz von selbst zum Halt und zum Innehalten: Die Zeit steht, nicht generell, sondern in Gottes Händen. In Gottes Händen tut die Zeit etwas, was sie unser Leben lang nicht tut: Sie steht und bleibt.

Weil bei Gott meine Zeit steht, kann ich auch selbst manchmal stehen bleiben: Atem holen und mir Zeit lassen, mich selbst daran erinnern, dass es bei allem Strom der Zeit, des Kommens und Vergehens noch etwas anderes gibt, etwas Bleibendes, Beständiges, Letztes, Allerletztes: den ewigen Gott. „Alles vergehet, Gott aber stehet ohn alles Wanken, sein Wort und Wille hat ewigen Grund", hat der Dichter Paul Gerhardt in einem Morgenlied bekannt (EG 449,8).

Gottes Hände müssen sehr groß sein, dass sie die unterschiedlichen Zeiten – Vergangenheit, Gegenwart und Zukunft – umfassen können. Weil bei Gott die Zeit nicht vergeht, nennt man ihn ewig. Bei ihm ruht die Vergangenheit und Zukunft unseres Lebens. Das Herz der Menschen jedoch bleibt unruhig, bis es Ruhe findet – in ihm (Augustin).

Alle reden von Zeit, aber im Innehalten vor dem Gott, in dessen Händen die eigene Zeit steht, wandelt sich die Wahrnehmung der Zeit. Die Ahnung von dem, was bleibt – nein: von dem, der bleibt, um den, der uns im Fluge unserer Zeiten gnädig zugewandt bleibt (Jochen Klepper) –, dieser Glaube an Gott kann mit der Zeit gerade auch die Erfahrung der Zeit selbst verändern. Vier Einsichten werden aus dem Innehalten möglich:

1. Die Zeit ist nicht zu verteufeln. Auch die Gegenwart, die eigene Lebenszeit und die Weltzeit stehen – gewiss oft verborgen – in der Hand des Schöpfers. Jetzt und in Zukunft sind gesegnete Jahre, ist gesegnete Zeit möglich. Gottes führende und leitende Hand lässt Leben gelingen.
2. Zum Profil des christlichen Glaubens gehört die Überzeugung, dass es nicht nur die Zeit gibt, die vergeht und kommt, sondern auch die Ewigkeit Gottes. Die Zeit bestimmt uns unser Leben lang: Sie kommt, sie vergeht. Gott ist nicht der Kategorie der Zeit unterworfen: Er bleibt, er ist da, er kommt. Er begleitete und wird begleiten. Im Vergehen der Zeit gibt es das Echo der Ewigkeit, die alle Zeiten umfasst, die Zeit verändern kann. Dieses Echo gibt im Wechsel der Zeiten die Ewigkeitsgelassenheit, auch belastende Zeiten auszuhalten, und die Ewigkeitsenergie, die eigene Zeit zu gestalten.

Von der Zeit reden andere auch, von der Resonanz der Ewigkeit Kraft zu schöpfen, ist eine Wirkung christlichen Glaubens.

3. Sich an Gott erinnern, bedeutet auch daran denken und beherzigen, dass Gottes Hand unsere Zeit und alle Zeiten richten kann und richten wird. Der Sinn des Lebens und der Sinn aller Zeiten sind noch verborgen in der Dämmerung des Jüngsten Tages. Das grelle Licht und das finstere Dunkel der Welt- und Lebensgeschichte bekommt den Glanz der Dämmerung eines noch ausstehenden Jüngsten Tages.

4. Um des raschen Wandels der Verhältnisse willen braucht freilich niemand in grotesker perspektivischer Verzerrung des Blickwinkels Katastrophen- und Weltuntergangsängste zu schüren. Menschen sind im Gegenteil nach ihrer Mitverantwortung für die Menschlichkeit ihrer Zeit gefragt. Gottvertrauen und Weltverantwortung bilden das Profil evangelischer Frömmigkeit.

3 *Was trägt und was prägt*

Was einen Menschen trägt, das zeigt sich, wenn der normale Alltag plötzlich einen Riss bekommt, wenn der Boden unter den Füßen wegzubrechen droht: bei der Nachricht einer schweren Krankheit, bei schmerzlichen Verlusten, wenn Hoffnungen zusammenstürzen, bei persönlichen Niederlagen, in der Auseinandersetzung mit anderen Menschen und manchmal auch bei Glückserfahrungen. Erfahrungen von der Tragkraft sind Geschichten von Bewahrung und Rettung oder auch vom Durchhaltenkönnen und Nichtverzweifeln.

Geschichten, in denen erzählt wird, was einen Menschen prägt, sind anders. Sie handeln von einer Entwicklung, von Wachsen und Reifen. Oft sind es auch Konfliktgeschichten. Eine Prägung gerät in Konflikt mit anderen prägenden Kräften. Sie stößt mit äußeren Verhältnissen zusammen. Sie muss sich bewähren oder verändern.

Auf den Wänden mancher alter Kirchen findet man ein eigentümliches Bild: eine große männliche Gestalt mit einem Stab; auf der Schulter trägt sie ein kleines Kind. Die Geschichte, die dazu gehört, ist die Legende von Christophorus. Es ist eine Geschichte vom Getragensein und vom Geprägtwerden. Der Name Christophorus bedeutet ja auf deutsch „Christusträger".

Christophorus hieß nicht immer so. Weil er so stark war, wollte er in den Dienst des Allerstärksten gehen. Er dachte zunächst, das wäre der König. Doch als er sah, wie sich der König ängstlich bekreuzigte, als in einem Spielmannslied vom Teufel die Rede war, vermutete er, der Teufel müsse noch stärker sein als der König. Deswegen begab er sich in dessen Dienst. Er fand den Teufel in der Gestalt eines schwarzen Ritters mit einer schrecklichen Begleiterschar. Bald merkte er, dass der Teufel jedes Mal einen großen Umweg machte, wenn am Weg ein Kreuz stand. Wenn der Teufel Angst hat, muss es einen noch Mächtigeren als den Teufel geben! Wie ist der zu finden? Ein Einsiedler rät ihm, er solle an einen großen Fluss gehen und die Menschen auf dem Rücken über den Fluss tragen.

Nach langer Zeit, eines Nachts kommt ein kleines Kind an den Fluss. Christophorus nimmt es auf seine Schultern und glaubt, die leichte Last schnell über den Fluss tragen zu können. Doch als er mitten im Fluss ist, wird ihm das Kind zu schwer. Es drückt ihn unter das Wasser. Er droht unterzugehen und glaubt, die ganze Welt läge auf seinen Schultern. „Mehr als die Welt trägst du auf deinen Schultern", sagt da das Kind, „nämlich zugleich den, der die Welt geschaffen hat. Ich bin Christus, der auch dich trägt." Da wird ihm die Last wieder leicht, und er kommt sicher ans andere Ufer. „Du sollst Christophorus heißen", sagt das Kind. Christophorus weiß nun, wer der Mächtigste ist und wem er nachzufolgen hat.

In der Christophorusgeschichte kann ich viele Bezüge zu Lebenserfahrungen entdecken. Die Geschichte erzählt von Wegen und Irrwegen, von Entscheidungen, vom langen vergeblichen Wartenmüssen, von Not und Rettung, von der Angst, den festen Boden unter den Füßen zu verlieren und zu versinken. Sie handelt von einem Lernweg, davon, dass jemand nicht immer und ein für allemal so oder so geprägt ist, sondern sich verändern kann. Die

Christophoruslegende berichtet von der erstaunlichen Erfahrung, dass etwas trägt, was als Belastung erlebt wird. Die Kraft des Getragenen wird zur Kraft des Trägers. So können Menschen durch Aufgaben wachsen. Die Last hat dann belastbar gemacht, und was getragen wird, prägt!

Das Wunder des christlichen Glaubens ist, dass die tragende Macht paradoxerweise ein kleines Kind ist, ein Bild der Schwäche. Die Macht Jesu ist nicht offensichtlich. Sie verhindert nicht, dass es uns angst werden kann, aber sie verhindert, dass wir in der Angst bleiben müssen. Die Kraft Jesu ist übersehbar, aber sie wächst. Sie scheint schwach, aber sie verbraucht sich nicht. Sie wird stärker, je mehr wir sie in Anspruch nehmen. Es findet sozusagen ein Energieaustausch statt. Dann kann spürbar werden. „Fürwahr, er trug unsere Krankheit ..."(Jesaja 53,4). Diese Kraft trägt uns auch, wenn wir uns für unerträglich halten.

Die Geschichte von Christophorus ist fast so etwas wie eine Taufgeschichte: Wasser spielt in ihr eine Rolle, ein neuer Name und ein Herrschaftswechsel. Durch die Taufe tragen die Getauften Christi Namen wie ein Merkzeichen, wer sie trägt. Mit der Taufe will die Tragkraft Christi zur Prägekraft des Lebens werden. Manchmal gleicht unser Leben einer verschmutzten Münze. Wir müssen sie putzen, damit die ursprüngliche Prägung und der alte Glanz wieder erkennbar werden. Die einmalige Taufe kann und soll immer wieder erinnert werden.

Die Tragkraft Christi wird zur Prägekraft des Lebens. Wenn Christus zu prägen beginnt, so wird sich dies selten ohne Konflikte und Entscheidungen vollziehen. Dass scheinbare Mächte (in der Christophoruslegende: der König, der Teufel) nicht tragfähig sind, muss erkannt werden. Entscheidungen stehen an, anderen prägenden Kräften und Mächten nicht die Herrschaft über uns zu lassen. Wegweiser in diesen Prozessen ist das erste Gebot: „Ich bin der Herr, dein Gott, der dich aus Ägyptenland, aus der Knechtschaft geführt hat. Du sollst keine anderen Götter haben neben mir." Wichtig ist der Bibel (2. Mose 20,2), als berechtigten Grund für den Anspruch Gottes die Befreiung zu nennen.

Martin Luther beantwortet in der Erklärung zum 1. Gebot in seinem Großen Katechismus die Frage, was es bedeute, einen Gott zu haben, geradezu nach dem, was einen Menschen im Leben trägt und prägt. „Ein Gott heisset das, dazu man sich versehen soll alles Guten und Zuflucht haben in allen Nöten ... Worauf du nu (sage ich) dein Herz hängest und verlässest, das ist eigentlich dein Gott."

Was werden das für Dinge sein, die für einen Menschen Prägekraft haben können und worauf sich Menschen verlassen? Vor 400 Jahren hat der Dichter Christoffel von Grimmelshausen in seinem Roman Simplicius Simplicissimus erzählt, wie seine Hauptfigur erstaunt, dass in der Welt jeder seinen „Nebengott" hat: „... etliche hatten den ihren in der Geldkisten, auf welchen sie allen Trost und Zuversicht setzten. Andere hatten den ihrigen in ihrer Reputation und bildeten sich ein, wenn sie nur die selbige erhielten, so wären sie selbst auch halbe Götter; noch andere hatten den ihrigen im Kopf, nämlich diejenigen, denen der wahre Gott ein gesund Gehirn verliehen, also dass sie einige Künste und Wissenschaften zu fassen geschickt waren, sie setzten den gütigen Geber auf die Seite und verließen sich auf die Gabe in der Hoffnung, ihr Verstand würde ihnen alle Wohlfahrt verleihen; auch waren viele, deren Gott ihr eigener Bauch war, welchem sie täglich die Opfer reichten ..." Simplicius verwundert sich über die Torheit der Menschen, dass sie dem trauen, dem nicht zu trauen ist, dass sie sich verlassen auf etwas, das nicht verlässlich ist, und auf etwas bauen, das nicht tragfähig ist.

Viele Menschen werden heute sagen, dass sie sich auf sich selbst verlassen. Das Selbst ist ein moderner Götze:

nicht Christophorus, sondern Egophorus. Ist das eigene Selbst tragfähig? Ein ganzes Stück weit sicherlich. Christlicher Schöpfungsglaube ist überzeugt, dass die Menschen mit vielen Gaben und Talenten ausgestattet sind. Aber die Tragkraft wird in der Gemeinschaft und durch Gemeinschaft größer und ausdauernder.

Nicht zufällig erzählt die Christophoruslegende, dass der starke Mann, indem er Menschen über den Fluss trägt, anders als im Dienst des Königs und des Teufels eine wichtige soziale Aufgabe übernommen hat. Er ist eine Brücke, wie auch das kleine Kind mit der Weltkugel, das Christophorus durch das Wasser trug, das Angebot einer dreifachen Brücke ist:

1. Es ist die Brücke über Abgründe des Lebens. Es trägt durch die Verlustzonen des Lebens hindurch.
2. Christus ist die Brücke, weil er zu anderen Menschen trägt. Er rettet nicht nur, er nimmt Christophorus in seinen Dienst, dass er selbst für andere eine Brücke ist. Liebe heißt die Brücke, die Christus ist und die er schafft. Von Matthias Claudius stammt der Vers: „Das will ich mir schreiben in Herz und Sinn, dass ich nicht für mich auf Erden bin, sondern die Liebe, durch die ich leb', liebend an andere weiter geb'."
3. Das Kind ist Brücke, weil es die Welt überbrückt zum Gottes Reich hin und sozusagen zum Vater trägt. „Die Welt mit ihrem Gram und Glücke will ich ein Pilger froh bereit betreten nur wie eine Brücke zu dir, Herr, übern Strom der Zeit" (Joseph von Eichendorff).

Diese dreifache Brücke, die Christus ist, entspricht den drei Grundprägungen eines Christenmenschen: dem Glauben, der Liebe und der Hoffnung. Prägung heißt mit einem Fremdwort Charakter. Ein christlicher Charakter zeichnet sich durch diese drei Prägungen aus:

1. Die Hoffnung auf Gottes Reich. Diese Welt und dieses Leben sind nur der Vorschein von etwas anderem. Deswegen können wir die Dinge der Welt und des Lebens nicht vergöttern, deswegen müssen wir nicht verzagen, wenn die Fundamente unseres Lebens sich als nicht tragfähig erweisen.

2. Die Liebe zu den Nächsten. Das Gebot Christi lautet: „Einer trage des andern Last ..." (Gal 6,2). Deswegen muss immer wieder eine tragfähige, sozial geprägte Gestalt des Lebens gesucht werden. Deswegen gibt es keine Kirche ohne diakonische Projekte in nah und fern.

3. Der Glaube. Gott hat sich uns eingeprägt. Dieser Satz ist doppeldeutig. Er bedeutet, dass der Gedanke an den lebendigen Gott eingeprägt ist. Gott hat sich uns eingeprägt meint aber auch, dass jede und jeder einzelne von uns im Herzen Gottes eingeprägt sind. Christus gibt seiner Gemeinde die Verheißung, dass ihre Namen im Himmel aufgezeichnet sind. Bei dem Propheten Jesaja sagt Gott zu seinem Volk: „In meine Hände habe ich dich gezeichnet" (Jesaja 49,16), Was wie Handlinien bei einem andern eingezeichnet ist, ist unlöslich mit ihm verbunden. Der Gott, der mit Jesus Christus als „unser Vater" angerufen wird, ist nicht denkbar ohne seine Menschen, denen er sich als Schöpfer, Erhalter und Erlöser zuwendet. Er trägt verlässlich, weil er sich eine jede und einen jeden eingeprägt hat.

4 Die nicht einfache,
sondern zweifache Orientierung

Karlsruherinnen und Karlsruher lieben den Grundriss ihrer Stadt. Karlsruhe heißt „die Fächerstadt". Die markgräfliche Stadtplanung ließ bei der Gründung von Karlsruhe im frühen 18. Jahrhundert in einer großen Geste alle Straßen strahlenförmig wie bei einem Fächer vom Schloss ausgehen. Das ist nicht nur die Perspektive eines fürstlichen Absolutismus, es stellt auch eine geordnete, übersichtliche Welt dar. „Klar und lichtvoll wie eine Regel", so hat es Goethe in einem Brief aus Karlsruhe über Karlsruhe vor über 200 Jahren empfunden. So kann man es heute als Zitat in der Eingangshalle des Karlsruher Schlosses lesen.

Und doch, bei aller Schönheit: Wer hätte nicht das Gefühl, dass dieser Grundriss nicht nur politisch, sondern auch gesellschaftlich eine andere Zeit und eine vergangene Welt widerspiegelt? Unsere Städte – auch Karlsruhe inzwischen – sind gewachsen und zugleich unübersichtlicher geworden. Klar und lichtvoll wie eine Regel – so sind jedenfalls nicht mehr die Städte der Welt und das Leben in ihnen. Die Verhältnisse sind komplizierter und vielschichtiger geworden. Wer kann sagen, dass er das Regelwerk der modernen Gesellschaften begreift? Gibt es überhaupt eine Regel?

Wenn wir das Experiment machen würden, bei dem jede und jeder den Plan ihrer Welt malen müssten, so käme Interessantes heraus. Viele würden ein unübersichtliches Labyrinth zeichnen, das eher Kafkas Schloss als Karlsruhes Fächer gleicht. Die Macht der Medien und der Finanzströme, internationale Verflechtungen und der Fortschritt von Technik und Wissenschaft, neue Szenen und alte Milieus könnten gar nicht mehr in ein überschaubares Bild gezeichnet werden. Andere würden vielleicht sogar strahlenförmig die Welt um ihr eigenes Heim konstruieren. Übersichtlich scheint eine Welt höchstens in der jeweiligen Perspektive der einzelnen, aber nicht mehr in einer gemeinsamen Sicht. Klar sind Regeln allenfalls individuell, nicht für alle miteinander. Übersichtlichkeit wird durch Abblendung erzeugt. Tritt man ein Stück weit zurück, dann merkt man, wie die vielen ums eigene Ich gezeichneten Welten letztlich nichts anderes sind als das Labyrinthbild.

Vielfalt ist unser Schicksal. Wenn etwas nur für die einzelnen klar ist, dann wird bald der Zweifel kommen, ob die eigene Perspektive richtiger als eine andere ist oder ob eine dritte oder vierte nicht noch verlockender wäre. Wo Wahlmöglichkeiten zunehmen und die Vielfalt von Lebensstilen ergötzen und verwirren können, wächst Orientierungsbedarf. Ist es beim Warentest noch relativ einfach zu sagen, was gut oder besser ist, so ist es bei Lebensweisen, Lebensentscheidungen und ethischen Fragen ungleich schwerer. Was ist gut, was ist besser? Wer kann das sagen? Wo solche Unübersichtlichkeit und Differenziertheit erlebt wird, kommt die Frage auf: Wie soll, wie kann und will ich mich in der Welt orientieren?

In dieser Situation schlägt allemal die Stunde der Vereinfacher. Orientierungen, die die Kompliziertheit auf *einen* Aspekt reduzieren, entfalten einen fundamentalistischen Charme. Manche sagen – und auch das ist Kapitulation vor der Kompliziertheit –, es brauche gar keine Regeln mehr: Jede und jeder ist sich selbst die goldene Regel. Alle existieren für sich in Räumen ohne Fenster und Türen nach draußen.

Auch die Bibel kennt die Situation der Verunsicherung und die Frage: Was ist das höchste Gebot, von bezwingender Evidenz und Kraft – gleichsam klar und lichtvoll wie eine Regel (Markus 12,28–34). Jesus antwortet auf diese Frage und nennt eine solche Regel. Aber die ist alles andere als einfach – sie ist zweifach! Wo die Verhältnisse nicht einfach sind, kann es keine einfache Orientierung geben. Der christliche Glaube enttäuscht in gewissem Sinne alle, die es gerne einfach hätten. Er bietet Orientierung. Aber er bietet sie, indem er einen Wegweiser aufstellt, der in zwei Richtungen weist – in die Vertikale und in die Horizontale: „Du sollst Gott lieben und deinen Nächsten wie dich selbst."

Und doch verbindet die beiden Richtungen des Wegweisers etwas. In beiden Richtungen wird Wesen und Energie der Beziehung durch dasselbe Wort „Liebe" bezeichnet. Liebe ist allemal eine Aktivität des Aufbruchs. Das Ich will nicht mehr bei sich bleiben. Es orientiert sich auf ein Du. Bei diesem Du kommt es zu sich. Es fühlt sich zu Hause auf dem Weg zum Geliebten.

Das sogenannte Doppelgebot der Liebe zeigt, wie wenig die christliche Religion das Ideal eines in sich selbst ruhenden Menschen zeichnet. Alle Energieträger des menschlichen Leibes werden in Jesu Wort aufgeboten, um die Liebe zu kennzeichnen: mit allen Kräften, mit all deinem Verstand, mit ganzem Herzen und ganzer Seele – so gewaltig und umfassend soll die Ausrichtung auf Gott sein, weil weniger dem Gegenstand der Liebe nicht angemessen wäre. Wenn von Gott die Rede ist, da eignet sich nicht jede Sprache. Da muss von so altmodischen Sachen wie Seele, Herz, Gemüt und allem zusammen, von Gefühlen, von der ganzen Existenz des Menschen die Rede sein. Von Gott und vom Glauben kann offenbar nicht zureichend in der Sprache der Wissenschaft gesprochen werden. Die überschwängliche Sprache der Poesie und der Liebe muss hinzukommen, will die Rede vom Glauben sachgemäß bleiben.

Die Ausrichtung auf den Mitmenschen wird in Markus 12,28 ff. zwar wortärmer gekennzeichnet, aber keineswegs weniger umfassend und nachhaltig. Sie soll sich an der natürlichen und immer vorhandenen Quelle der Selbstliebe orientieren.

Durch den doppelten Wegweiser wird ein Fenster zum Himmel und eine Tür in die Welt geöffnet. Das Fenster zum Himmel bedeutet: Es gibt nicht nur die Aussichtslosigkeit bedrängender, unlösbarer Fragen nach der Zukunft, das Labyrinth der Welt, die selbstgefertigten Wände, die Mauern der Verhältnisse, nicht nur die Vielfalt der Perspektiven in der Welt, es gibt nicht nur die Zweideutigkeiten, die Gräben und Entzweiungen, die Wunden der Lebensgeschichte. Es gibt mehr. Es gibt den unbegreiflichen, jenseitigen, so fernen und so nahen Gott. Von ihm soll es in die Ohren flüstern und im Herzen klingen, wenn wir taub und tief verschlossen sind: „Höre, Israel, der Herr, unser Gott ..." (Markus 12,29).

So ähnlich haben wir das gelernt, als wir noch Kinder waren: „Und ob ich schon wanderte ... fürchte ich kein Unglück ..." (Psalm 23). Wer so immer einmal wieder zu sich selber spricht und diesen Worten nachspürt, merkt, wie sie oder er Dunkles, Bedrängendes aushalten kann und keine vereinfachenden Weltanschauungen braucht, die alle Welt- und Lebensrätsel zu erklären scheinen. Dunkelheit, Unübersichtlichkeit muss weder überspielt noch betäubt werden. Weil es diesen Einen gibt, wird vieles – nein: nicht einfach, aber – offener, so, wie wenn ich in einem Raum das Fenster entdecke, das den Himmel zeigt.

Der Raum des Glaubens hat nicht nur ein Fenster, er hat auch eine Tür. Und die ist der zweite Teil des Gebots. Der Gott, der mit mir ist, zeigt mir, wer noch alles neben mir auf dem Weg ist. Gottes Gebot stößt Türen auf. Keine und keiner existiert allein im finsteren Tal. Es gehört zum Menschenbild des biblischen Glaubens, dass der Mensch ein geselliges, soziales Wesen ist. Menschlich sind Menschen nur als Mitmenschen. Mitmensch sein heißt, andere Menschen sehen und mit ihnen eine Verabredung treffen, die darauf zielt, dass es allen besser geht – nach der Melodie: Und ob wir schon wanderten im finsteren Tal ... mein Stecken und Stab trösten dich, und du führst mich zum frischen Wasser; uns mangelt dann weniger. Zwei, mehrere werden eins. Das ist die neue Mathematik des christlichen Glaubens! Ein Gebot sind zwei.

Orientierung braucht Begegnung. Man sieht die Sache klarer, wenn man nicht allein ist. Wir brauchen einander, um uns auf die Fenster im Leben hinzuweisen und auf die Türen. Kirche gibt es, weil das Leben Fenster zum Himmel und Türen zu anderen braucht. Kirchengebäude gibt es, damit Menschen sich Zeit für Gott nehmen und sich der Nähe Gottes vergewissern können. Das geht oft nicht so schnell. Dazu braucht es Zeit. Es ist ja schon äußerlich ein Weg mit Etappen von draußen in eine Kirche hinein: vielleicht über einen Hof oder einen Vorplatz, über die Schwelle, durch die Türen bis zu dem Platz, wo wir verweilen und wo Gott einer jeden und einem jeden „nicht fern" sein will.

Und nach diesem Moment, in dem ich gewiss werden soll: Es gibt mehr als die Wände und Mauern meines Alltags – eine Macht, die mich trägt, erhebt, begleitet und kennt, wie mich sonst niemand kennt, begleitet, erhebt und trägt –, gehe ich wieder hinaus durch diesen Raum, durch die Türen, die Stufen hinab, die Straße entlang. Kirche ist der Raum, wo Menschen wieder mit ihrem Alltag und ihren sozialen Verantwortungen – und wie verschieden sind die! – verbunden werden, weil der dreieinige Gott nicht nur als Erlöser, sondern auch als Schöpfer und Erhalter der Welt begegnet. Er belebt den Raum sozialer und politischer Verantwortung.

Um zur Orientierung an diese doppelte Antwort in vielerlei Weise an Fenster und Türen im Leben zu erinnern, gibt es die Kirche. Mit dieser Antwort positioniert sie sich, bestimmt sie ihren Platz in der Gesellschaft. Andere mögen andere Antworten auf Orientierungskrisen geben. Sie nicht.

Der Bibelabschnitt Markus 12,28 ff. ist ein Gespräch. Kein Streitgespräch, wo zwei sich nicht verstehen, aneinander vorbeireden und entzweien, sondern eines, in dem zwei sich gegenseitig bestätigen, sich den Ball zuspielen, eins werden und sich vergewissern, dass sie auf dem rechten Weg sind: eine Geschichte, ein Gespräch vom Einklang. Zwei – wir kennen schon die neue Rechenart – werden eins, indem sie merken und mit Freude entdecken, dass sie in Bezug auf einen Dritten, den Einen, eins sind in dieser komplizierten Welt. Das ist ein Anfang mit Perspektive. Dann kann es heißen: „Du bist nicht ferne von dem Reich Gottes." Mit dem Reich Gottes hört einmal auf, was mit Entzweiung begann.

5 *Wozu Kirchen im Ort?*

Stellen Sie sich einen Ort oder eine Stadt vor, in der es Fabriken, Wohnhäuser, Geschäfte, Banken, ein paar Kneipen und vielleicht noch Fitnesscenter gibt, aber keine Kirche. Würde etwas fehlen? Jeder kennt vielleicht Menschen, die – zunächst? – nichts vermissen würden. Es gibt Stadtteile ohne Kirchen. Kirchen sind nicht notwendig für ein Dorf. Aber sie sind schön in einer Stadt. Was ist der Sinn der Kirche im Dorf?

Wenn es kein Kirchengebäude gäbe, würde den Christen zunächst einmal ein Versammlungsraum fehlen. Als Raum, in dem die christliche Gemeinde sich gemeinsam versammelt, hat Martin Luther das Kirchengebäude verstanden. Im Jahr 1544 sagte er bei der Einweihung der Schlosskapelle in Torgau: „Ein Kirche wird deswegen errichtet, dass darin nichts anderes geschehe, als dass unser lieber Herr selber mit uns rede und wir wiederum mit ihm durch Gebet und Lobgesang." Es gibt keinen Grund, Kirchen zu bauen, als dass die Christen zusammenkommen, beten, Gottes Wort hören und auslegen sowie die Sakramente empfangen. Und wenn es diesen Grund nicht gibt, dann solle man – so Luther – die Kirchen abbrechen, wie man es mit allen anderen Häusern auch tut, wenn sie nichts mehr nütze sind.

Der Sinn des Kirchengebäudes wird von Luther nicht magisch verstanden, sondern funktional. Der Wert des Kirchengebäudes liegt in dem, was in ihm geschieht. Menschen gehen in die Kirche, um ein Gegenüber zu haben für Fragen, die sie sonst mit niemandem teilen wollen. Sie klagen Gott ihre Not, danken für Glück und Gelingen. Und andererseits: Menschen hören hier etwas von Gott, sehen ein Kreuz, das dicke Bibelbuch auf dem Altar, das größere oder kleinere Taufbecken, die Orgel, die so laut und feierlich klingen kann, lassen sich an Gott erinnern und dadurch aufrichten. So kommt es – und so soll es auch sein –, dass Menschen anders aus der Kirche heraus gehen, als sie in sie hineingegangen sind. Sie tauchen gleichsam in etwas ein, um es verändert zu verlassen.

Jeder christliche Gottesdienst entspricht deswegen in seiner elementaren Grundstruktur einer Spiralbewegung, die sich aus drei oder vier Schritten zusammensetzt. Diese beginnt damit, dass Menschen ihren Alltag unterbrechen, innehalten und sich sozusagen vor Gott stellen (1); eine Botschaft wird erinnert, in die am Gottesdienst Teilnehmenden mit vorgeprägten Worten oder Liedern einstimmen (2); gestärkt durch diese Erinnerung und durch das Heilige Abendmahl – wo es gefeiert wird – (3) gehen die Menschen miteinander verbunden und gesegnet (4) wieder in ihren Alltag zurück.

All dies könnte auch an jedem anderen Ort und in jedem anderen Haus geschehen. Die stärkende Erinnerung findet leider auch nicht in jedem Gottesdienst für alle statt. Damit sie aber unabhängig von Lust und Laune und verlässlich wenigstens geschehen kann, hat man das besondere Gebäude dazu eingerichtet – die Kirche. In einer Kirche kann der Platz schon vorgefunden werden, der sonst immer wieder neu gesucht und errichtet werden müsste.

Es ist wichtig, dass Menschen angezeigt wird, dass es einen Raum gibt, wo es für ihren Alltag womöglich ein

Fenster zum Himmel geben kann. Theodor Fontane erzählt in seinem Roman „L'Adultera", wie eine Frau in einer Lebenskrise den Gottesdienst in einer Kirche aufsucht: Die wiederverheiratete „Ehebrecherin" Melanie muss, nach Berlin zurückgekehrt, im Alltag wieder eine neue Rolle und einen Platz in der Gesellschaft finden. Es ist Osterzeit. „Und so kam auch der zweite Festtag, unfestlich und unfreundlich wie der erste, und als Rubehn über Mittag erklärte, ‚daß er abermals eine Verabredung habe', konnte sie's in ihrer Herzensangst nicht länger ertragen, und sie beschloß, in die Kirche zu gehen und eine Predigt zu hören. Aber wohin? Sie kannte Prediger nur von Taufen und Hochzeiten her … Es war seit ihrem Einsegnungstage, daß sie keine (Predigt) mehr gehört hatte. Endlich entsann sie sich, daß ihr Christel von Abendgottesdiensten erzählt hatte. Wo doch? In der Nikolaikirche. … Ein paar Lichter brannten im Mittelschiff, aber Melanie ging an der Schattenseite der Pfeiler hin, bis sie der alten, reich geschmückten Kanzel grad gegenüber war. Hier waren Bänke gestellt, nur drei oder vier, und auf den Bänken saßen Waisenhauskinder, lauter Mädchen, in blauen Kleidern und weißen Brusttüchern, und dazwischen alte Frauen … Melanie setzte sich auf die letzte Bank und sah, wie die kleinen Mädchen kicherten und sich anstießen und immer nach ihr hinsahen und nicht begreifen konnten, daß eine so feine Dame zu solchem Gottesdienst käme" (Werke I, 2, S. 129).

Die Kirche ist eine fremde Heimat, die Melanie nur aus besonderem, persönlichem Anlass aufsucht: aus „Herzensangst". Die Kirche selbst wird armselig, leer und randständig geschildert, aber sie ist als Ort ebenso bekannt wie die Tatsache, dass dort Gottesdienst gefeiert wird. In dem Gottesdienst hilft Melanie nicht die Predigt des Pfarrers, sie steht der Hilfe freilich auch nicht entgegen! „Aber heute sprach er kurz … und war nur müd und angegriffen, denn es war der zweite Feiertagabend. Und so kam es, daß sie nichts Rechtes für ihr Herz finden konnte, bis es zuletzt hieß: ‚Und nun, andächtige Gemeinde, wollen wir den vorletzten Vers unseres Osterliedes singen.' Und in demselben Augenblicke summte wieder die Orgel und zitterte, wie wenn sie sich erst ein Herz fassen oder einen Anlauf nehmen müsse, und als es endlich voll und mächtig an dem hohen Gewölbe hinklang und die Spittelfrauen mit ihren zittrigen Stimmen einfielen, rückten zwei von den kleinen Mädchen halb schüchtern an Melanie heran und gaben ihr ihr Gesangbuch und zeigten auf die Stelle. Und sie sang mit: ‚Du lebst, Du bist in Nacht mein Licht, mein Trost in Not und Plagen, Du weißt, was alles mir gebricht, Du wirst mirs nicht versagen.' Und bei der letzten Zeile reichte sie den Kindern das Buch zurück und dankte freundlich und wandte sich ab, um ihre Bewegung zu verbergen. Dann aber murmelte sie Worte, die ein Gebet vorstellen sollten und es vor dem Ohre dessen, der die Regungen unseres Herzens hört, auch wohl waren, und verließ die Kirche so still und seitab, wie sie gekommen war" (S. 131).

Fontane schildert in dieser Szene keine spektakuläre religiöse Vergewisserung, aber doch, wie sich „Herzensangst" ein Stück weit löst. Kein persönlicher unmittelbarer Zuspruch spielt hierbei eine Rolle, sondern der besondere Ort Kirche, geprägte Worte und Musik im Gottesdienst sowie die Geste der Kinder, die Melanie an der Gemeinschaft der Singenden teilnehmen lassen.

Dass es einen gibt, der die „Regungen unseres Herzens" hört, wird nicht zufällig in einer Kirche erinnert. Die Nähe von Gott in einer Kirche ist für den christlichen Glauben freilich alles andere als selbstverständlich. Als der König Salomo vor fast 3000 Jahren in Jerusalem mit einem Gebet den Tempel einweihte (1. Könige 8), wandte er sich an den Gott, den „aller Himmel Himmel nicht fassen können". Sollte der unfassbare Gott irgendwo zu fassen sein?

Zum ersten Mal ist hier die Spannung zwischen dem notwendig begrenzten Haus Gottes und der Unbegrenztheit Gottes formuliert. Diese Spannung kehrt in jedem Reden von Gott wieder. Gott lässt sich nicht in Worte und ein Haus einsperren. Er ist größer als alle Kirchen und alle Worte. Aber die Konsequenz davon ist nicht, keine „Gotteshäuser" zu bauen bzw. von Gott nur zu schweigen, sondern gerade auf die alles übersteigende Größe Gottes durch das Haus einen sichtbaren Hinweis zu geben. Der Glaube, dass es einen Gott gibt, bleibt nicht nur in Gedanken und Gefühlen und im stillen Kämmerlein, er will sichtbar nach außen Gestalt werden – auch in der Architektur, im Klang der Glocken, der Musik und der Worte sowie in der Regelmäßigkeit von Feier in dem Kirchengebäude.

Ein Kirchengebäude ist der Stein und Architektur gewordene Hinweis auf Gott, darauf, dass diese Welt nicht alles ist, sondern dass es mehr gibt als den Alltag und seine Dringlichkeiten und Sorgen. Der Hinweis, der wie alle Zeichen immer nur räumlich begrenzt sein kann, soll gerade die Unbegrenztheit Gottes offenbar machen.

Eine Kirche ist deshalb (vgl. oben) ein Fenster zum Himmel. Das Fenster zum Himmel brauchen Menschen für sich selbst immer wieder, aber Christen wollen ihre Gesellschaft und die Menschen um sie herum auch immer wieder darauf hinweisen. Kirchengebäude sind Mahnmale gegen die immer mögliche Gottvergessenheit.

Was die Feiertage in der Zeit sind, das sind die Kirchengebäude im Raum: Unterbrechungen, Pausen. Nutzlos für die Geschäfte, aber sinnvoll für das Leben. Zwecklos, aber gerade deswegen gut, damit sich lösen kann, was bedrängt und bedrückt. Die Kirche ist deswegen auch der Raum, wo Menschen getröstet und gestärkt Kraft bekommen, ihr Leben auf dieser Welt zu meistern. Eine Kirche ist so ein Ort der Rekreation, wo Menschen hingehen und wo jede und jeder ermutigt wieder in den Alltag zurückgehen können. Kirchen sind Grünflächen, Gärten, in denen dieses seltsame Ding, unsere Seele, ihr Recht, ihre Zeit und ihre Orientierung bekommt. Deswegen kann und soll sich hier etwas ereignen, was auch in einer guten Kur geschieht: der Grauschleier auf der Seele verschwindet durch die Öffnung des Fensters zum Himmel.

Eine Kirche ist oft eines der ältesten Gebäude in einer Stadt. Sie verbindet mit den Generationen vor uns. In einer Kirche erklingen Texte, die über 2000 Jahre alt sind, Melodien, die schon Frauen und Männern vor mehreren hundert Jahren Kraft und Trost gegeben haben. Eine Kirche ist ein Weg zu unserer Herkunft. Sie ist deswegen ein Platz und eine Gelegenheit zum Erinnern. Wo komme ich her? Wo gehe ich hin? Was trägt eigentlich im Leben: Arbeit, guter Ruf bei den Leuten, der Erfolg? Oder gibt es noch etwas anderes – einen Gott, der mich liebt, Jesus Christus, der auch in der tiefsten Ausweglosigkeit bei mir ist und mir Kraft gibt? Christlicher Glaube hat weniger mit dem Fürwahrhalten bestimmter Lehren zu tun, sondern mit Vertrauen, dass uns der Sinn des Lebens vorgegeben ist. In der Kirche sollen sich Herzen und Sinne daran erinnern, dass es den unbegreiflichen und sein Heil uns schenkenden Gott gibt. Das wird gerade in einem Kirchengebäude dargestellt, indem getauft und das Abendmahl empfangen wird. In diesem Gebäude werden verlässlich Worte und Zeichen von Gottes Liebe und Macht kund.

Es gibt ein ein bisschen altertümliches Wort dafür, dass der Sinn unseres Lebens nur geschenkt werden kann: Segen. Segen ist die Kraft gelingenden Lebens. Im Wort „Segen" ist die Erfahrung enthalten, dass wir nicht machen können, auch nicht mit aller Gewalt, dass unser Leben gelingt. Glück und Segen kommen nicht als Ergebnis planmäßigen Tuns. Wir wünschen sie uns gegenseitig, sie stellen sich ein und werden mit Freude erfahren. In einer Welt, in der immer mehr „gemacht" wird, verwahren

Worte wie Segen etwas Wichtiges. Sinn kommt wie durch ein Fenster in das Leben hinein. Das Wort „Segen" erinnert daran, dass das Leben eine Quelle hat, dass es eine Kraft ist und dass der gegenwärtige Zustand des Flusses unseres Lebens nicht der endgültige ist, dass es neu werden kann und weitergeht, auch wenn wir meinen, es sei alles zu Ende. Mit Segen verbindet sich keine hektische Aktivität, sondern eine Empfänglichkeit für Veränderungen und für Neues. Segen ist die Kraft zur Rekreation, die von Gott kommt. In der Kirche wird nicht die menschliche Kraft gefeiert, sondern die heimliche Kraft und die verborgene Macht Gottes, mit der uns das, was in der Kirche geschieht, wie ein Band verbindet.

6 *Spiritualität als Resonanz*

Z war nicht alle, aber doch viele reden von Spiritualität. Der damalige Kommissionspräsident der Europäischen Union Jacques Delors sprach Anfang der 90er Jahre von der „spiritualité de l'Europe", die zu entwickeln sei. Kirchenleute haben dies damals als Impuls, „Europa eine Seele zu geben", gerne und sicher auch zu Recht aufgegriffen. Der französische Begriff spiritualité hat freilich neben einem religiösen Sinn auch einen allgemeinen. In großen französischen Wörterbüchern findet sich als erste Erklärung, noch vor der religiösen, eine solche, wonach spirituell etwas sei, was der Ordnung des esprit, im Unterschied zum Materiellen, zugehörig sei. Diese weite, z. T. durchaus säkulare Bedeutung von Spiritualität entwickelt sich langsam auch im Deutschen, auch wenn hier in aller Regel noch mehr eine religiöse Bedeutung mitschwingt.

Spiritualität – ein weites Feld!

Die Bedeutung eines Begriffs ergibt sich bekanntlich aus seinem Gebrauch in der Sprache. Ein Blick ins Internet kann die weite und zugleich auch charakteristische Verwendung unseres Begriffs belegen. Gibt man in eine der gängigen Suchmaschinen das Wort Spiritualität ein, bekommt man den Hinweis auf schier unzählige websites. Wer Spiritualität sucht, kann zu katholischen Orden und Universitätsinstituten, aber auch zu psychotherapeutischer Beratung, zu esoterischen Zirkeln oder zu den vielen Versandhändlern für „Naturreligion, Schamanismus und spirituelle Ökologie" (Gaia-Versand) geführt werden. Das Urteil des Psychologen Michael Utsch bestätigt sich im Internet: „Psychotherapie und Spiritualität sind zu einem Geschwisterpaar geworden" (Das Panorama des Religiösen, hrsg. von R. Hempelmann u.a. Gütersloh 2001, S. 103). Mit dem Begriff „Spiritualität" kennzeichnen sich vor allem Angebote einer Szene, die die Förderung und Entwicklung des menschlichen Selbst mit allem betreiben, was anderes verspricht als Schulweisheit.

Die Präsentation in der Virtualität verrät natürlich nichts über die Größe einer Einrichtung mit einem irgendwie spirituellen Angebot in der Realität, aber sie zeigt Attraktivität und umgangssprachliche Bedeutungen von Spiritualität. Kräftig angestoßen durch die Transpersonale Psychologie eines Stanislav Grof meint „spirituell" das Berührt-, Bewegt- und Befördertwerden von etwas Geistigem. Die Chiffre „spirituell" verheißt jenes unspezifische „Mehr", das ein Unbehagen am Alltag aufheben oder die Suche nach neuen Möglichkeiten beflügeln kann. Die Verwendung des Begriffs zehrt von der Sehnsucht, mit der Leben und Erleben anstelle von Lehre und Abstraktion, Erfahrung anstelle von kalter Moral gesucht werden. Spiritualität scheint sich als ideales Signalwort vor allem anzubieten, weil es für viele Deutungen und Projektionen offen steht, aber nüchternen Rationalismus und Pragmatismus genauso vermeidet wie religiös-konfessionelle Standpunkte und Dogmen.

Drei wesentliche Komponenten sind in diesem modernen Spiritualitätsbegriff auf dem Markt der Lebenshilfen identifizierbar:

- eine transzendierende Geste. Wer spirituell oder Spiritualität sagt, weist über das unmittelbar vor Augen Stehende hinaus, ohne zugleich zu sagen, wohin diese Geste zeigt. Spiritualität gibt eine Bewegung des Aufbruchs an, ohne ein Ziel zu nennen. In der Andeutung des Offenen, nicht Festgelegten liegt die weite Verwendungsmöglichkeit des Begriffs und sein Charme begründet;
- die Verheißung ganzheitlicher Erfüllung. Wer „spirituell" oder „Spiritualität" sagt, meint etwas, das die ganze Person erfüllt. Spiritualität bedeutet neue Energie. In der Verheißung von neuen Möglichkeiten für das Ich liegt die Attraktivität des Begriffs;
- das Versprechen eines Nutzens für die Angesprochenen. Marktförmige Spiritualität hat nicht nur einen Sinn in sich selbst, sondern sie dient dem besseren, erfolgreicheren oder zufriedeneren Leben.

Die gewachsene Bedeutung eines Begriffs wie Spiritualität kann man mit Verweis auf den Individualisierungsprozess der Moderne interpretieren: Die Erfahrung, die diesen Prozess begründet, lässt sich mit den Worten des Wandererlieds aus Schuberts Winterreise knapp auf die Formel bringen: „... muss selbst den Weg mir weisen in dieser Dunkelheit ..." Angesichts des Verlusts selbstverständlich geltender Orientierungen und Vergewisserungen („Dunkelheit") müssen sich die Einzelnen selbst „den Weg weisen" und suchen. Wo früher bestimmte vorgegebene Traditionen Gewissheit gaben, sind eine Fülle von Optionen entstanden, die zur Wahl herausfordern. Spiritualität ist genau der Begriff, der das Unbehagen des modernen Ich und das Bedürfnis nach Sinn aufnimmt, ohne zugleich auf eine bestimmte Tradition festzulegen. Besondere Bedeutung gewinnt dabei die Assoziation persönlichen und eigenen Erlebens, die im Spiritualitätsbegriff mitschwingt. Wo nichts selbst erfahren und erlebt wird, da scheint auch nichts Spirituelles.

Die vielfältige Verwendung des Begriffs „Spiritualität" bietet einen Anknüpfungspunkt für den christlichen Glauben. Nötig ist aber ebenso eine behutsame und klärende Unterscheidung der Spiritualitäten. Im Sinne einer Verbraucherberatung ist zu betonen: Nicht überall, wo Spiritualität draufsteht, ist Spiritualität drin. Manchmal ist voller Spiritualität, was sich nicht spirituell nennt. Nicht immer ist heilsam und gut, was sich spirituell nennt.

Für den christlichen Glauben ist der personale Bezug der Frömmigkeit von entscheidender Bedeutung. Die Gestalt und das Bild Jesu hat immer und in unterschiedlicher Weise das Leben und den Glauben der Christinnen und Christen geprägt. Bekannte und wichtige biblische Texte wie das Vaterunser, der Psalm 23 oder der Segen (4. Mose 6,24 ff.), der am Schluss fast eines jeden evangelischen Gottesdienstes zugesprochen wird, zeichnen sich dadurch aus, dass in ihnen eine emotionale und verlässliche Beziehung zu dem Gegenüber des Glaubens ausgedrückt ist. Immer wieder ist aufgefallen, dass in dem alten Segen die Bilder vom „Angesicht", das „über dir leuchten" und sich „über dir erheben soll", die menschliche Urszene aufnehmen, mit der die Mutter ihr Kind anblickt. Im sog. Psalm vom „guten Hirten" wird zunächst geschildert, was Gott „mir" tut: Er weidet, er führt. Danach erst kommt es zu der Selbstaussage, die im Psalm 23 anders klingt als im „Wandererlied": „Und ob ich schon wanderte im finsteren Tal, fürchte ich kein Unglück". Nachdem Gottes Handeln dann im Bilde des Wirtes und des Sommeliers vorgestellt wird, folgt wieder die Selbstpositionierung: „Gutes und Barmherzigkeit werden mir folgen meine Leben lang und ich werde bleiben ...". Konstitutiv für diese Grundtexte christlicher Frömmigkeit ist die Beschreibung einer Beziehung und das Selbstverständnis des Menschen aus dieser Beziehung. Kein Satz kommt in der Bibel so häufig vor wie die Zusage: „Fürchte dich nicht!"

Es hilft bei der Verwendung des Begriffs Spiritualität zu prüfen, ob der Sinn des Begriffs eher als „beziehungsorientiert" oder eher als „entwicklungsorientiert" zu charakterisieren ist. Es kann dann zwischen einer Spiritualität, bei der auf die Entwicklung einer Person geblickt wird, und einer, bei der es primär um Eintritt und Wachsen in einer Beziehung geht, unterschieden werden.

Die Verwendungen des Spiritualitätsbegriffs in der Lebensberatung und Therapie lassen sich in aller Regel als „entwicklungsorientiert" kennzeichnen. Das Ich, die Person0soll sich verändern, soll wachsen, sich transformieren. Die Bestimmtheit eines Ziels fehlt. Dies mag auf den ersten Blick verlockend und befreiend erscheinen. Wenn es nur beliebige Etappen und kein wirkliches Ziel gibt, findet das Ich aber auch keinen Halt und keine Gewissheit. Ein Weg, der selbst schon das Ziel ist, kann kaum nachhaltige Orientierung und Vergewisserung geben. Wo der Weg selbst zum Ziel wird, kann man sich leicht verlaufen. Das Ich gewinnt keine Position und wird auch für andere nicht fassbar.

Christliche Spiritualität lässt sich nie nur als Selbstentfaltung charakterisieren. Ihr geht es primär um den Eintritt in eine Beziehung bzw. um die Vergewisserung der Beziehung zu Gott oder zu Christus. Sie meint deswegen Bewegung in einem Raum, und nicht im gänzlich Offenen. Dies schließt dann natürlich auch einen Entwicklungsweg ein. Er ist aber nicht das Ausschlaggebende. Das Gegenüber gibt der Spiritualität eine Kontur und vor allem auch dem Menschen, der in der Beziehung lebt. Die Beziehung zum Du formt das Ich. Das kennen alle als das Geheimnis der Freundschaft und der Liebe erst recht.

Das biblische Menschenbild ist elementar von der Tatsache eines Gegenübers geprägt. „Im Gegenüber zu Gott" (coram Deo) erfuhren und dachten die Reformatoren den Menschen. Die Entdeckung der Verheißung des Evangeliums geschah bei Luther auf dem Hintergrund der Erfahrung der Gnadenlosigkeit einer historisch anderen „Entwicklungsspiritualität" als der des heutigen Beratungsmarktes. Luther entdeckte: Ohne dass eine andere Instanz oder Person mir etwas zusagt oder verspricht, also ohne soziales Gegenüber, gibt es keine Gewissheit. Sinnfindung bloß durch das eigene Erleben ist dadurch gekennzeichnet, dass sie anfällig ist. Eigenes Erleben ist dem Wechsel der Stimmungen und Gefühle unterworfen. Sinn und Gewissheit wird ja gerade angesichts der Erfahrungen von Sinnlosigkeit gesucht und gebraucht. Sinn ergibt sich deswegen nachhaltiger aus sozialen Bezügen durch den Akt des Vertrauens, dadurch, dass sich einer auf einen anderen oder etwas anderes im wahrsten Sinne des Wortes verlässt. Erfahrene Liebe gibt Sinn. Ein Gegenüber, also die heilvolle Tatsache, dass es nicht nur die Selbsterfahrung und -entwicklung des Menschen gibt, ist die elementare Bedingung dafür, dass es so etwas wie Sinn gegen den Augenschein gibt, eine „Rechtfertigung des Sünders", die Geborgenheit des Gescheiterten bei Gott.

Sinn wird nicht durch Leistung, sondern durch Liebe erfahren. Liebe wird erklärt. Christliche Beziehungsspiritualität hat deswegen immer den Charakter der Antwort. Sie ist ein Echo. Spiritualität ist Resonanz auf Gott und ein Widerhall dessen, was Menschen von Gott vernehmen. Sie stimmen in Gottes Worte ein und werden dadurch umgestimmt.

Christliche Beziehungsspiritualität lässt sich darum im wortwörtlichsten Sinne als Weg „des sich Verlassens" begreifen. Dieser Weg verdichtet sich im Gebet. Es gibt dem Leben Gestalt und durchdringt die ganze Existenz. Das Gebet ist deswegen Verdichtung christlicher Spiritualität, weil in ihm das göttliche Du angesprochen wird und das Ich sich vor Gott ausspricht. Das Ich begreift und positioniert sich selbst, sein Empfinden, Tun und Denken im Gegenüber zu dem, was Gott tut, getan hat und tun wird. Im christlichen Gebet wird der dreieinige Gott, der die Welt erschaffen hat und erhält, der die gefallene Welt in Christus versöhnt hat und dereinst erlösen und vollenden wird, er-innert, also ins Innere gezogen. Wer christliche Spiritualität pflegen will, muss die Resonanz auf Gottes Wort in all ihren Formen pflegen und fördern. Anrede und Erinnerung Gottes als Quelle christlicher Spiritualität garantieren, dass spirituell Suchende nicht dem Stress einer unendlichen Selbsttranszendenz ausgesetzt werden, sondern ihre klare und ruhige Position finden. In der Anrede Gottes als „Licht", „Fels" oder „Quelle des Lebens" gewinnen Menschen Kraft und Lebensvertrauen. Man könnte sagen, die Anrede Gottes „formatiert" das Ich und gibt ihm eine Gestalt, die es bei den unendlichen und beliebigen Möglichkeiten einer Entwicklungsspiritualität so nicht findet. Ohne Gegenüber, ohne konturiertes und konturierendes Du, verschwimmt auch das Ich.

Christliche Spiritualität ist so sehr Echo, dass sie sich als Widerhall der Stimme und der Kraft eines andern, als Gabe und Wirkung des Heiligen Geistes versteht. „Ich glaube, dass ich nicht aus eigener Vernunft noch Kraft an Jesus Christus, meinen Herrn, glauben oder zu ihm kommen kann, sondern der heilige Geist hat mich durchs Evangelium berufen, mit seinen Gaben erleuchtet, im rechten Glauben geheiligt und erhalten, gleichwie er die ganze Christenheit auf Erden beruft, sammelt, erleuchtet, heiligt und bei Jesus Christus erhält im rechten einigen Glauben, in welcher Christenheit er mir und allen Gläubigen täglich alle Sünde reichlich vergibt und am jüngsten Tag mich und alle Toten auferwecken wird und mir samt allen Gläubigen in Christus ein ewiges Leben geben wird; das ist gewisslich wahr"(Erklärung Luthers zum 3. Artikel im Kleinen Katechismus).

Entwicklungsspiritualität hat im christlichen Glauben insofern ihren Platz, als wir Geschöpfe sind: von Gott ausgestattet mit Gaben und Talenten, mit Leib und Seele, Gedanken und Phantasie, Gefühlen und Hoffnungen. Sie gehört sozusagen in den Bereich der Ethik, wenn man so will: der Heiligung des Lebens. Zum Geschöpfsein gehört als gute Gabe die Möglichkeit eines Wachsens, eines ständigen Überschreitens innerweltlicher Grenzen. Die Resonanz, der Widerhall des Evangeliums kann immer mehr Räume des Lebens erfüllen. Es ist Platz für Anfänge und Fortschritte. Denn das Gegenüber des Glaubens ist nicht wie eine Zwangsjacke, sondern wie ein Haus, in dem man ankommen, eine Heimat und eine Form finden, aber auch immer wieder Neues entdecken kann und wird.

7 *Singen und Sagen*

Schlechte Nachrichten über die Kirchen werden gerne geglaubt: Die Gottesdienste würden immer leerer und keiner mehr könne das Vaterunser auswendig. So kann man es immer wieder lesen und hören, obgleich es in dieser Weise nicht stimmt. Kirchenmusikalische Veranstaltungen von Gospelgottesdiensten über Kantatenaufführungen bis zu Orgelkonzerten erlebten in den letzten Jahren einen erstaunlichen Boom. In der Evangelischen Landeskirche in Baden z.B. ist die Zahl der Besucher solcher Veranstaltungen zwischen 1997 und 2001 um ein Drittel angestiegen. Mit Musik erreicht die Kirche eine Wirkung in die Breite der Gesellschaft und in die Tiefe des menschlichen Herzens. Es ist eine erstaunliche Tatsache, dass viele Menschen, wenn sie sich an Momente erinnern, in denen sie Gewissheit in ihrem Glauben gespürt haben, vom Singen im Chor oder vom Hören bestimmter Musik erzählen. Musik ist das spirituelle Medium par excellence – wahrscheinlich nicht nur in unserer Zeit. Sie öffnet ein Fenster zum Himmel und ist zugleich Echo des geöffneten Himmels.

„Musik umfasst in gleicher Weise Leib, Seele und Geist" (Rolf Schweizer). Ihre Wirkung beruht entscheidend darauf, dass sie den Leib des Menschen mit einbezieht: beim Singen, Musizieren und auch beim Hören von Musik, wenn sich der Rhythmus unwillkürlich auf unsern Atem und die Bewegungen überträgt. Musik bringt in Bewegung und reißt mit. Sie verlockt zur Einstimmung. Sie berührt und bringt etwas zum Klingen, was sonst stumm bliebe (vgl. oben S. 44 Fontanes Melanie). Der Einklang überzeugt mehr als das Einverständnis der Worte. Die „Argumente" der Musik sind leibhaftiger, emotionaler und ästhetischer Art. Gerade damit aber überzeugen sie. Musik ist und wirkt tatsächlich – hier trifft das Modewort zu – ganzheitlich.

Gegenüber musikalischen Formen empfinden Menschen zudem eine größere Deutungsfreiheit als gegenüber rein sprachlichen. Niemand schreibt den Hörenden vor, was sie bei einem Musikstück zu denken haben. Der Bedeutungs- und Sinngehalt der Musik wird eben nicht mit Worten vorgegeben, sondern unmittelbar empfunden und frei gegeben. Musik ist andererseits aber auch alles andere als unverbindlich. Das Ich stimmt ein in Töne, die schon andere gesungen oder gespielt haben. Es findet sich wieder in fremden Klängen und steht sozusagen in einem großen, unsichtbaren Chor oder Orchester. Es ist nicht mehr allein. Es wird durch die Musik verbunden mit überindividuellen elementaren Stimmungen wie Freude, Jubel, Angst oder Schmerz, die den Einzelnen über die Zeiten mit der Geschichte der Menschheit zusammenschließen, und gegebenenfalls mit Texten, die in einen sprachlichen Sinnzusammenhang führen. Das Individuum, das durch eine Musik angesprochen und berührt wird – sei es Bachs h-Moll-Messe oder ein Spiritual –, empfindet sich also in eine bestimmte Gemeinschaft mitgenommen, die es mit anderen auch über die Schwelle der Räume und Zeiten verbindet. Musik schafft Anschluss an Sinnpotentiale einer Tradition. Dabei wird sicher meist unbewusst empfunden, welche Entlastung es sein kann, sich mit anderen Tönen und bestimmten Texten hinzugeben.

Mit dieser spannungsvollen Einheit von individuellem Erleben einerseits und Teilhabe an Tradition und Gemeinschaft andererseits wird Musik in der Kirche zum Ausdruck christlicher Spiritualität, die Freiheit und Bindung vereint.

„... auch gefallen mir die Schwärmer nicht,
die die Musik verdammen"

Die besondere Kommunikationsform der Musik, ihre vermeintliche Unbestimmtheit und ihre emotionale Ausrichtung, haben freilich auch oft genug zu einem Misstrauen der Theologie gegenüber der Musik geführt. Der Mythos vom Gesang der Sirenen, die den Tod bringen, erzählt von der Gefahr, die eine Bezauberung durch den schönen Klang der Musik bringen kann. Was positiv wirken kann, kann in verzerrter Gestalt auch negativ wirken. Diktaturen der Weltgeschichte haben die Musik zu ihren Zwecken missbraucht. In einer Zeit der Allgegenwart von Musik in Kaufhäusern und Kantinen, in Wohn- und Schlafzimmern erscheint heute der in der Christentumsgeschichte immer auch laut werdende Vorbehalt gegenüber der Musik fast wieder verständlich.

Im Namen rationaler Betonung der Verbindlichkeit des „Wortes" wurde gegen das bloß Gefühlsmäßige und Unbestimmte der Musik vorgegangen. Augustin (354–430 n.Chr.), der viel von der Notwendigkeit des Gesangs für den Glauben weiß und den Gesang geliebt hat, bekennt dennoch in den „Confessiones": „Mitunter will mir scheinen, ich gäbe den Melodien doch mehr Ehre als ihnen gebührt. Wohl fühle ich, dass die heiligen Worte selber, wenn sie gesungen werden, unser Gemüt inniger und lebhafter in der Flamme der Andacht bewegen, als wenn sie nicht so gesungen würden: finden doch alle Regungen unseres Geistes je nach ihrer besonderen Art auch in Stimme und Gesang ihren eigentümlichen Ausdruck ... Aber meine Sinnesfreude (delectatio carnis meae), der sich der Geist doch nicht zur Verweichlichung ergeben darf, hintergeht mich oft: statt dass die Empfindung die Vernunft so begleitet, dass sie ihr geduldig folgt ... versucht sie voranzugehen und zu führen. Manchmal aber ... fehle ich durch allzu große Strenge ... dass ich den Wohlklang der süßen Melodien, in denen die Psalmen Davids feierlich gesungen werden, von meinem und selbst von der Kirche Ohr am liebsten verbannt wüsste" (X. Buch 33).

Dem Zürcher Reformator Zwingli blieb es vorbehalten, das realisieren zu wollen, was Augustin noch als übergroße Strenge wertet: die Vertreibung der Musik und des Gesangs aus dem Gottesdienst. „Es braucht deshalb diese Gesänge in der Kirche nicht. Denn äußeren Dingen werden sich leicht gottlose Beimischungen hinzugesellen" (Predigt über Jesaja 30,29). In dualistischen Denkmustern erscheint die Musik auf der Seite der Gefühle, der Lust und der Äußerlichkeiten dem „Wort", der Vernunft und dem Geistigen entgegengesetzt. Der Genfer Reformator Johannes Calvin lässt Gemeindegesang zwar aus pädagogischen Gründen zu: Das Wort muss im Gottesdienst regieren; aber das Wort dringt tiefer ins Herz, wenn zum Wort die Musik tritt. Gegenüber dem gottesdienstlichen Orgelspiel und der Instrumentalmusik bleibt er aber hart. Reformierte Kirchenordnungen des 16. und 17. Jahrhunderts verboten darum das Orgelspiel. In Heidelberg gab es zwischen 1570 und 1657 keine Orgelmusik im Gottesdienst.

Es ist interessant, dass Martin Luther die aus einer Furcht vor dem Gefühlsmäßigen kommende Kritik an der Musik sehr bewusst überwindet. Der Glaube kommt gewiss aus dem Hören des Evangeliums (Römer 10,17). Doch gerade mit diesem ans Ohr dringenden Charakter des Evangeliums hat es zu tun, dass Luther Singen und Sagen immer wieder parallelisieren kann. Auch die Worte des Evangeliums kommen als Schall und sind darum nie nur geistig, sondern auch körperlich und sinnlich. Vor allem verlangt der Inhalt des Evangeliums als „gute Mär"

(EG 24,1), dass es selber gesungen wird und dass von ihm gesungen wird. „Evangelion ist ein griechisch Wort und heißt auf deutsch gute Botschaft, gute Mär ... davon man singet, saget und fröhlich ist" (Vorrede zum Septembertestament 1522). Mit Bedacht hat Luther hier dem Singen sogar die erste Stelle vor dem Sagen eingeräumt. Das Evangelium macht fröhlich, das heißt: es berührt Menschen in ihrer Stimmung und in allen Sinnen. Weil das Evangelium ganzheitlich anspricht, kann sein Echo nicht nur aus Sprache bestehen. Herkunft und Wirkung des Glaubens sind nicht ohne Sinnlichkeit. Das Singen ist bei Luther deswegen nichts, was dem Evangelium und der Frömmigkeit hinzukommen kann oder auch nicht. Es ist eine ihrer notwendigen Gestalten und entspricht ihrem Wesen zutiefst. „Gott predigt das Evangelium durch die Musik" (Tischreden 1258).

Himmelsklang und Schöpfungsmelodie

Wo Luther davon handelt, dass das Evangelium „zu treiben und in Schwang zu bringen" sei, kann er sogar mit einem charakteristischen und eigenständigen Hinweis auf 1. Kor 2,2 betonen, dass „Christus unser Lob und Gesang sei und wir nichts wissen wollen zu singen und zu sagen als Jesus Christus unseren Heiland" (Vorrede zum Wittenberger Gesangbuch). „Denn Gott hat unser Herz und Gemüt fröhlich gemacht durch seinen lieben Sohn, welchen er für uns hingegeben hat zur Erlösung von Sünden, Tod und Teufel. Wer dies mit Ernst glaubt, der kann's nicht lassen: Er muss fröhlich und mit Lust davon singen und sagen, dass es andere auch hören und hinzukommen. Wer aber nicht davon singen und sagen will, das ist ein Zeichen dafür, dass er's nicht glaubt und nicht ins neue, fröhliche Testament ... gehört" (Vorrede zum Leipziger Gesangbuch des Valentin Babst, 1545). Vor allem der

Gesang der Engel in der Weihnachtsgeschichte (Lk 2,13f.) bietet einen wichtigen Schriftbeweis für Luthers Theologie des Gesangs. Wo sich der Himmel öffnet, erklingt Gottes Lob in Tönen. Das Himmelsecho kann nie nur geistig-innerlich, sondern muss auch körperlich-äußerlich sein. „Des großen Gottes großes Tun erweckt ... alle Sinne" (vgl. EG 503,8). „... da Gott durch seine Wunderwerck nicht allein prediget, sondern auch an unsere Augen klopfet, unsere Sinne rüret und uns gleich ins Herz leuchtet" (Luther, Predigt am Sonntag Exaudi 1544). Die Singenden – und gerade sie – geben Gott Recht. Deswegen ist das „neue Lied" ein Vorspiel des „neuen Himmels". Wegen ihres Himmelsklangs ist der angemessene Ort von Musik in der Kirche vor allem die Eucharistie, die Feier des Abendmahls, in dem die Gemeinde mit allen Engeln im Himmel die Heiligkeit Gottes preist und bekennt.

Musik und Gesang gehören zum Fest. Im Fest wird das Außerordentliche begangen. Menschen feiern Feste, weil das Leben nicht nur aus Alltag besteht. Feste sind Fenster zum Himmel. Sie sind Unterbrechungen und Atempausen. Sie können die Wunden des Alltags heilen. Durch die Musik bekommt christliche Frömmigkeit ihren festlichen Charakter. Sie besteht nicht nur aus Moral und Denkan-strengungen. Im Fest wird Gott gefeiert und sein offener Himmel. Wahrscheinlich gibt die Festlichkeit des Lebens und des Glaubens die tiefste anthropologische wie auch theologische Begründung für die Musik in der Kirche.

Aus der Zeit der frühen Christenheit ist der so genannte Jubilus bekannt, das wortlose Singen. Augustin, der – wie wir sahen – dem Gefühlsmäßigen der Musik durchaus skeptisch gegenüberstand, schrieb über ihn: „Jubel ist eine Lautäußerung, die anzeigt, dass das Herz etwas von sich gibt, was es in Worten nicht aussagen kann. Und wem gegenüber ist solch ein Jubel angebracht, wenn nicht gegenüber dem unaussprechlichen Gott? ... Und wenn du über ihn nicht sprechen kannst, aber auch nicht schweigen darfst, was bleibt da übrig als zu jubeln? So freut sich das Herz wortlos, und die unmessbare Weite der Freude findet ihre Grenze nicht an Silben ... Bei welcher Gelegenheit jubeln wir also? Wenn wir loben, was sich nicht in Worte fassen lässt" (Enarrationes in Psalmos 32,8 und 99,4).

Die reine, nicht auf Texte verweisende Musik bringt also zur Geltung, was unabdingbar zur Frömmigkeit gehört: die Spannung zwischen dem begrifflich Aussagbaren und dem, für das die Worte stehen. Musik in der Kirche hält die gerade theologisch notwendige Differenz zwischen den Glaubensaussagen und dem Glaubensgrund lebendig. Mit ihr wird zu fassen versucht, was oder wer nicht zu fassen ist, sondern uns erfasst.

Luthers Wertschätzung der Musik bezieht sich nicht allein auf das geistliche Lied, sondern auch auf die Musik überhaupt. Sie gehört zu Gottes guter Schöpfung. In konzentrierter Form hat Luther seine Musikauffassung in der lateinischen Skizze „Über die Musik" (1530) wiedergegeben: „Ich liebe die Musik, auch gefallen mir nicht, die sie verdammen, die Schwärmer. 1. Weil sie Gabe Gottes und nicht der Menschen ist; 2. weil sie die Seelen fröhlich macht, 3. weil sie den Teufel vertreibt; 4. weil sie unschuldige Freude macht. Dabei vergehen Zorn, Begierden, Hochmut. Den ersten Platz gebe ich der Musik nach der Theologie. Das ergibt sich aus dem Beispiel Davids ... 5. Weil sie in der Friedenszeit herrscht ... Ich lobe die Fürsten Bayerns deshalb, weil sie die Musik pflegen. Bei uns Sachsen werden Waffen und Bombarden gepredigt."

Nicht zufällig nennt Luther den Zusammenhang von Musik und politischem Frieden. Musik ist Ausdruck menschlichen Miteinanders. Sie ist deswegen nicht etwas Gottfernes, das durch den Glauben oder das Evangelium erst geheiligt werden muss, sondern etwas Kreatürliches und darum Gottnahes. Musik gehört zum guten „Regiment" Gottes, mit dem er seine Schöpfung erhält.

Indem sie Lebendigkeit fördert und gegen Böses gerichtet ist, entspricht sie innerlich dem Evangelium – so wie das Schöpfungshandeln Gottes dem Erlösungshandeln in Christus entspricht. Wenn nach Luther die weltlichen Ordnungen, die die äußere Bedingung dafür sind, dass es Wohlstand und Friede auf Erden geben kann, „Larven Gottes" sind, dann lässt sich auch sagen, dass die Musik eine solche Maske Gottes ist, hinter der die Glaubenden den lebendigen Gott spüren und erkennen können.

In dem berühmten Lied der Frau Musika (vgl. die Kurzfassung EG 319) aus der „Vorrede auf alle guten Gesangbücher" (1538) wird das „Amt" der Musik als solcher „mit manchem süßen Klingen" im Sinne des Waltens Gottes für das Leben und gegen das Böse klar beschrieben: „Hier kann nicht sein ein böser Mut, / ... / Hier bleibt kein Zorn, Zank, Haß noch Neid; / weichen muß alles Herzeleid. / Geiz, Sorg und was sonst hart anleit / fährt hin mit aller Traurigkeit. / ... / Dem Teufel sie sein Werk zerstört / und verhindert viel böser Mörd." Die Musik hat also auch abgesehen von gottesdienstlicher Verwendung ihren eigenen spezifischen guten Sinn – ungeachtet der Gefahr ständiger Korrumpierbarkeit.

Der Gedanke, dass die Musik eine pädagogische wegbereitende Funktion für das Hören des Evangeliums hat, wird im Lied der Frau Musika interessanterweise erst an zweiter Stelle genannt. So erscheinen Musik und Gesang bei Luther in einem dreifachen Zusammenhang:

- als eine Gestalt des Evangeliums,
- als Wegbereitung des Evangeliums in das Herz der Menschen und
- als Art und Weise, wie gemeinsames Leben erhalten und Böses zurückgedrängt wird.

Leicht wird man diese drei Weisen der Musik der Dreieinigkeit Gottes (s.u.) zuordnen können: dem Wirken Jesu Christi, dem Wirken des Geistes und dem Wirken des Schöpfers. So wie die drei „Personen" der Trinität auch nicht voneinander geschieden werden können, so wird man die drei Funktionen der Musik nicht voneinander trennen und gegeneinander ausspielen können. Das Spielerische und das Künstlerische der Musik, das in der Neuzeit eigenständig wichtig wird, hat bei Luther keine eigene Bedeutung. Es hat bei ihm ohne weiteres Raum in allen drei Zusammenhängen. Ganz „weltlich" kann er die Musik nicht denken. Durch Musik und Gesang beteiligen sich Menschen am Schöpfungs- und Erhaltungshandeln Gottes

II Begegnung und Geheimnis

> „Alles, wofür es eine Lösung gibt,
> ist nicht interessant."
>
> Gertrude Stein

1   *Evangelische Weltanschauung?*

Der Wiener Journalist Alfred Polgar schrieb zu Anfang des vergangenen Jahrhunderts in einer Theorie des Kaffeehauses: „Das Café Central (in Wien) ist eine Weltanschauung, und zwar eine, deren innerster Inhalt es ist, die Welt nicht anzuschauen. Was sieht man schon?"

So sehr es angesichts von Krisen, Katastrophen und Chaos verständlich ist, die Welt lieber nicht anzuschauen, und statt dessen bei einer guten Melange im Café zu sitzen, so wenig käme einem in den Sinn, in dieser Lebenshaltung ausgerechnet etwas Protestantisches zu vermuten. Evangelische Weltanschauung schaut die Welt durchaus an. Aber wie?

Begeben wir uns aus dem habsburgisch-barocken Wien in den protestantischen Norden, ins preußische Berlin, wo auch heute noch zumindest der Himmel bisweilen preußischblau und protestantisch ist. In der Mitte des 19. Jahrhunderts schrieb Theodor Fontane in seinen „Wanderungen durch die Mark Brandenburg" aus Anlass seines Besuches bei der Begräbnisstätte der Gebrüder Humboldt in Schloss Tegel: „Die märkischen Schlösser, wenn nicht ausschließlich feste Burgen altlutherischer Konfession, haben abwechselnd den Glauben und den Unglauben in ihren Mauern gesehen; straffe Kirchlichkeit und laxe Freigeisterei haben sich innerhalb derselben abgelöst. Nur

Schloss Tegel hat ein drittes Element in seinen Mauern beherbergt, jenen Geist, der, gleichweit von Orthodoxie und Frivolität, ... das Diesseits genießt und auf das rätselvolle Jenseits hofft" (Havelland, Berlin 1994, S. 175). Ist das evangelische Weltanschauung – die Mitte zwischen straffer Kirchlichkeit und laxer Freigeisterei, gleich weit weg von Orthodoxie und Frivolität, eine Haltung, die das Diesseits genießt und auf das rätselvolle Jenseits hofft?

Wir könnten uns der Frage, was evangelische Weltanschauung sei, weiter anekdotisch nähern. Es fielen uns entsprechende goldene Worte ein: Hier steh ich, ich kann nicht anders! Oder: Wir sind Bettler – das ist wahr. Gewissensbindung, ethischer Ernst und eine eher private und persönliche als öffentliche und kultische Frömmigkeit gehören zum Bild des protestantischen Menschen, das von jeher vielfältige, wenn auch nicht beliebige Züge zeigt.

Doch es kann nicht nur darum gehen, einige historische Beispiele für evangelische Weltanschauung zu geben, sondern darum, sich auch der Frage auszusetzen, was denn evangelische Weltanschauung auszeichnet. Dabei meint evangelische Weltanschauung weniger das Gesamt der Inhalte kirchlicher Lehre, sondern eine spezifische Grundierung und ein Grundmuster von Denken, Verhalten und Empfinden. Dass gerade heute diese Frage nach einem Grundmuster auftaucht, ist sicher nicht zufällig. Nur das, was verloren ist, wird bekanntlich auf der Straße ausgerufen. Nach evangelischer Weltanschauung wird gefragt, weil man sich des protestantischen und evangelischen Profils nicht mehr so sicher ist. Dafür scheinen drei zusammenhängende Entwicklungen verantwortlich:

1. Protestantische Identität profilierte sich über Jahrhunderte – in Westdeutschland bis in die Mitte der fünfziger Jahre – im Gegenüber zum römischen Katholizismus. Evangelisch sein hieß, nicht katholisch zu sein. Beobachter der religiösen Landschaft in Deutschland sprechen seit

einiger Zeit von einer Angleichung der kirchenverbunde-
nen konfessionellen Milieus. Im Hinblick auf konfessio-
nelle Unterschiede ist die religiöse Landschaft homogener
geworden. Mit Selbstverständlichkeit gehen Protestanten
wie Katholiken in Veranstaltungen und Gottesdienste der
jeweiligen anderen Konfession. Wie sehr im Bewusstsein
der Öffentlichkeit die Differenzen verschliffen sind, belegt
der Umstand, dass Protestanten wegen des Papstes oder
des Zölibats aus ihrer Kirche austreten. Miteinander treten
evangelische und katholische Bischöfe mit Stellungnah-
men (Sozialwort) an die Öffentlichkeit. Auch Protestanten
begaben sich auf die Wallfahrt zum Heiligen Rock in Trier
oder besuchen den Papst.

2. Gleichzeitig mit der Einebnung konfessioneller Unterschiede ist jedoch ein nachhaltiger Prozess der Pluralisie-
rung und Differenzierung religiösen Glaubens zu beob-
achten. An die Stelle konfessioneller Polaritäten tritt eine
Vielfalt religiöser Wahlmöglichkeiten. Ist die religiöse
Landschaft in Bezug auf die Konfessionen einheitlicher, so
im Hinblick auf religiöse Optionen überhaupt von er-
staunlicher Vielfalt – innerhalb der Konfessionen und in
der Gesellschaft als ganzer! Solche Vielfalt mag als berei-
chernd empfunden werden, aber sie verunsichert auch.
Von der Generation, die weder kirchlich erzogen noch
reglementiert wurde, wird neugierig gefragt: Was ist
angesichts der vielen Anschauungen evangelische Weltanschauung? Wenn es denn eine Art Markt mit einem
Wettbewerb verschiedener religiöser Anschauungen gibt,
– was ist das spezifische Charakteristikum des protestantischen Produkts? Gerade die Vielfalt in einer Medien- und
Darstellungsgesellschaft übt einen verständlichen, aber
nicht ganz fallenfreien Druck in Richtung auf Profilierung
aus; nicht fallenfrei deswegen, weil die Forderung nach
eindeutigem und einheitlichem Profil in Spannung zu
typisch protestantischer Freiheit stehen kann. Denn was

hülfe es dem Menschen, wenn er eine eindeutige Weltanschauung gewönne, aber evangelische Freiheit verlöre?

3. Schließlich ist es wohl auch kein Zufall, wenn das
Besondere des Evangelischen nicht auf dem Feld der Ethik
und Moral, sondern der „Schau" gesucht wird. Der Begriff
„Weltanschauung" stammt zwar von Kant, wurde aber in
unserem Sinne durch die Romantik populär und sollte,
liest man in einem Lexikon, die Entwürfe bezeichnen, „in
denen das Individuum die Gesamtheit aller Dinge in die
Einheit eines Sinnganzen fügt und auf sich selbst und das
eigene Lebensverständnis zurückbezieht". Je vielfältiger,
disparater und verwirrender die Welt erscheint, desto
schwieriger wird die Wahrnehmung eines Sinnganzen,
aber desto mehr entsteht das Bedürfnis nach einer solchen
Zusammenschau: Ach, gäbe es doch eine Perspektive, die
den Sperling auf dem Dach, die Telekomaktien, das Ozonloch, die neue Aufführung der Zauberflöte, den Schulden-
berg der öffentlichen Hände und meinen Alltag im Büro
und am Familientisch umgreift und in einem Sinnganzen
vereinigt! Auf den gemeinsamen Begriff lässt sich das
nicht bringen. Aber vielleicht in eine Schau?

Gott schaut die Welt an

Die ganz schwierige Frage, inwieweit der Begriff Weltanschauung tauglich für das Anliegen, das Besondere des
Evangelischen zu Gesicht zu bekommen, ja überhaupt mit
dem Adjektiv evangelisch verträglich ist, – diese Frage
soll im folgenden bewusst naiv durch einen Blick in die
Bibel beantwortet werden. Auch im Evangelium oder vom
Evangelium her wird „Welt" angeschaut. Wie – das steht
in der Bibel. So ergibt sich als erstes Kennzeichen: Evangelische Weltanschauung ist „nachsichtig", weil – wenn
sie denn evangelisch sein soll – nachgesehen werden

muss, wie in der Bibel die Welt angeschaut wird. Der Protestantismus ist eine Weltanschauung, deren innerster Inhalt es ist, nachzuschauen, weil man ja nie schon alles geschaut hat. Gerade durch die spezifische Form des Nachsehens, nämlich in der Bibel, wird sich eine spezifische Nachsichtigkeit evangelischer Weltanschauung auch in inhaltlicher Hinsicht ergeben: eine Skepsis und Pluralität im Vorletzten aufgrund einer Gewissheit im Letzten.

Beim Nachsehen in der Bibel entdeckt man als ersten, nicht nur statistischen Befund, dass dort Gott selbst viel eindeutiger und in jedem Fall öfter das Subjekt solchen „die-Welt-Anschauens" ist als der Mensch: Gott sieht die Welt an.

1. Vielleicht fällt als erstes Beispiel für seine Anschauung der Welt ein Bibeltext wie 1. Mose 6,5 ein:

„Als aber der Herr sah, dass der Menschen Bosheit groß war auf Erden und alles Dichten und Trachten ihres Herzens ..."

oder

„Da sah Gott auf die Erde, und siehe, sie war verderbt ..."

Evangelische Weltanschauung kann an solchen Texten nicht vorbeigehen. Wer die Augen aufmacht, sieht auch Böses. Eine rosarote Sicht der Welt ist nicht protestantisch. Ein offenes Auge für die Abgründe und die Paradoxien der Welt, eher Dorothy Sayers als Rosamunde Pilcher, eher John Updike als Isabell Allende, nicht Harmoniesehnsucht, sondern letztlich die Wahrnehmung einer Erlösungsbedürftigkeit prägen aufgrund solcher Bibeltexte protestantische Weltanschauung.

2. Dieser kritische Blick ist möglicherweise bei manchen Protestanten, aber nicht in der Bibel der einzige und ausschließliche. Aufs Ganze gesehen dominiert solches An-

schauen der Welt in der Bibel nicht. Vielmehr wird die Welt noch ganz anders angeschaut:

„Und Gott sah an alles, was er gemacht hatte, und siehe, es war sehr gut ...“ (1. Mose 1,31).

Gottes Schauen hat zumal im Alten Testament etwas Kreatives. Oft wird es als der erste Schritt seines rettenden und befreienden Handelns erzählt. In der Geschichte von der Berufung des Mose zur Befreiung Israels aus Ägypten heißt es (2. Mose 3,7):

„Und der Herr sprach: Ich habe das Elend meines Volkes in Ägypten gesehen ... und ich bin hernieder gefahren, dass ich sie errette aus der Ägypter Hand und sie herausführe aus diesem Land in ein gutes und weites Land, darin Milch und Honig fließt ...“

In vielen Psalmen bitten die Beter: „Herr Gott, sieh doch“ ...und im Lobgesang der Maria heißt es:

„Ja, er hat die Niedrigkeit seiner Magd angesehen, von nun an werden mich selig preisen alle Kindeskinder...“ (Lukas 1).

Entsprechend wird in Heilungsgeschichten des Neuen Testamentes erzählt, dass Jesus die Kranken sieht (z.B. Lukas 17, 18ff) und ihnen hilft. Wie Gott die Welt anschaut, wird daran deutlich, dass Gottes Segen in der Weise eines Anschauens beschrieben wird:

„Der Herr erhebe sein Angesicht auf dich, er lasse leuchten sein Angesicht über dir ...“

Die Welt und die Menschen sind also „angesehen“. Welt und Mensch sind des Segens bedürftige und fähige Schöpfung.

Die Welt anzuschauen, setzt Abstand und Distanz voraus. Aber gerade im Anschauen und im Ansehen wird die Distanz überbrückt. Gottes Welt-Anschauung hebt in der

Sendung seines Sohnes Jesus Christus die Distanz zur Welt auf. Von daher sind evangelischer Weltanschauung zwei Möglichkeiten verschlossen: der nur verachtende Blick auf die Welt und der diese Welt absolut setzende und sich von ihr fesseln und gefangen nehmen lassende Blick, der die Augen nicht abwenden kann wie Lots Frau, um etwas anderes, Neues anzuschauen. Die Welt ist nicht der Himmel, nicht Gott, behauptet evangelische Weltanschauung. Sie ist aber auch nicht die Hölle, sie ist endlich – und daher ist auch ihre Anschauung immer nur endlich und begrenzt. Beide Weisen der Weltsicht, in der Welt entweder eine Art Himmel oder eine Art Hölle zu sehen, übersehen, dass die Welt von Gott angesehen ist. Zu evangelischer Weltanschauung gehört darum eine spezifische Liebe und Hochachtung gegenüber der Welt, aber zugleich das Wissen darum, dass diese Welt nicht das Letzte und Einzige ist. Nachschauend entdecken wir also, dass die Welt angesehen ist. Was unser und der Welt Ansehen begründet, dass sie Gottes Schöpfung ist, begründet freilich auch ihre – und unseres Blickes – Relativität.

3. Evangelische Weltanschauung ist nachsichtig und hat darum biblische Weite. Sie starrt nicht auf eine Bibelstelle und auch nicht immer auf dieselbe Stelle in der Welt, sondern ist auf den weiten Horizont biblischer Grundmotive ausgerichtet. Die Welt ist vielfältig. Es gibt in der Bibel Schöpfung und Erlösung, Realismus und Hoffnung, die Ferne und die Nähe Gottes, seine Dunkelheit und seinen Glanz. Dem Gebot der Nachsichtigkeit entsprechend, wird in der Bibel immer wieder zum Sehen aufgefordert:

„Schaut die Vögel an unter dem Himmel ... Schaut die Lilien auf dem Felde, wie sie wachsen: sie arbeiten nicht, auch spinnen sie nicht. Ich sage euch, dass auch Salomo in aller seiner Herrlichkeit nicht bekleidet gewesen ist wie derselben eine ...“ (Matthäus 6, 26 ff.).

Ein weiter Bogen des Welt-Anschauens wird in Psalm 8 beschrieben:

„Wenn ich sehe die Himmel, deiner Finger Werk, den Mond und die Sterne, die du bereitet hast: Was ist der Mensch, dass Du seiner gedenkst ...?"

Hier und in der Stelle aus der Bergpredigt zielt das Anschauen der Vögel, der Lilien bzw. des Mondes und der Sterne nicht eigentlich auf Weltanschauung, sondern auf Selbsteinsicht und Staunen. Der Weltanschauung wird die Welt sprechend. Es kommt beim Anschauen überraschenderweise nicht bloß die betrachtete Welt zu Gesicht, sondern auch etwas anderes. Die Welt wird transparent und zum Gleichnis. Weltbetrachtung führt zu neuer Gottes- und Selbsterfahrung. Der Blick, der in die Welt hinausgeht, lässt schärfer im Innern erkennen, wer der Mensch ist. Realistische Selbsteinsicht gehört zum Kern evangelischer Weltanschauung. Evangelische Weltanschauung ist also gleich weit entfernt von Selbstüberschätzung wie Selbstverachtung. Ein totalitäres Credo – entweder „Ich bin nichts, und alles ist aus" oder „Ich kann und mache alles" – ist ihr fremd. Das lehrt sie aufgrund des Blicks in die Bibel gerade auch der Blick in die Welt, der Blick zu den Lilien auf dem Feld und an den Himmel, zu Mond und Sternen.

4. Evangelische Weltanschauung weiß, dass in allen konkreten Anschauungen der Welt nicht der unendliche Gott, sondern ein endlicher Mensch die Welt anschaut. Evangelische Weltanschauung ist sich darum des eigenen fragmentarischen Blicks bewusst. Kein Blick auf die Welt erfasst die Welt so, dass man nicht noch einmal – nachschauen müsste. Evangelische Weltanschauung sieht, dass sie nicht alles sieht. Sie erfasst die Welt nie in ihrer Ganzheit, in der Totalen wie Gott. Eine Weltanschauung ist sie daher nur im eingeschränkten Sinn. Evangelische Weltan-

schauung ist diejenige Anschauung von der Welt, die beherzigt, dass wir die Welt, das Ganze nie sehen können, sondern immer nur relativ und begrenzt sehen. Unsere Anschauungen sind daher stets des Nachschauens bedürftig. Das Nachschauen kann und soll die Schau korrigieren – und die Shows erst recht. Der zweite Blick muss den ersten ergänzen. Der totale Blick – und damit der Machtanspruch des Totalitarismus und der Totalitaristen – liegt evangelischer Weltanschauung fern. Aufgrund eines biblischen Textes wie des folgenden kann man durchaus fragen, ob man überhaupt von evangelischer Weltanschauung sprechen kann. Doch gerade er drückt evangelische Weltanschauung aus wie kaum ein zweiter:

„Wir sehen jetzt durch einen Spiegel in einem dunklen Wort; dann aber von Angesicht zu Angesicht. Jetzt erkenne ich stückweise, dann aber werde ich erkennen, gleich wie ich erkannt bin" (1. Korinther 13,12).

Evangelische Weltanschauung kann darum sehr realistisch und sehr weltlich klingen. Sie weiß mit dem Prediger Salomo (5,1):

„Gott ist im Himmel und du auf Erden."

Aufgrund der formalen „Nachsichtigkeit" ergibt sich also gerade auch eine Nachsichtigkeit evangelischer Weltanschauung in inhaltlicher Hinsicht. Sie hält es gut aus, dass andere die Welt im einzelnen und im konkreten anders sehen, aber sie misstraut allen, die prinzipiell nicht noch einmal nachschauen zu müssen glauben, weil sie angeblich schon alles in einer Schau erfasst haben. Die Welt ist nicht nur nicht auf den Begriff zu bringen, sondern auch nicht in eine einzige Schau. Evangelische Weltanschauung ist nachsichtig, weil sie in Bezug auf etwas Unanschauliches, alle Anschauungen Übersteigendes, nicht selbst zur Welt Gehörendes gewiss ist: Sie geht davon aus, dass Gott die Welt schöpferisch, segnend, richtend und erlösend anschaut. Darum kann sie im Anschaulichen, in allem auf die Welt Bezogenen skeptisch und plural sein und bleiben. Auf die Welt ist der letzte und endgültige Blick von uns noch nicht geworfen. Das ansehnliche Angebot der Schlange, „Ihr werdet sein wie Gott" (1. Mose 3,5), wird durchschaut und verlockt nicht.

Fasst man zusammen, so ergeben sich vier Grundmotive evangelischer Weltanschauung:

- Das Motiv der Endlichkeit der Welt und der Begrenztheit menschlichen Wissens und Tuns;
- das Motiv einer Selbstgewissheit, die sich keiner Anschauung, sondern der Überzeugung eines Angeschaut- und Angesehenseins verdankt;
- das Motiv der Transparenz der Welt, bei der Unanschauliches „sichtbar" werden kann;
- das Motiv der Vorläufigkeit und Unabgeschlossenheit aller Weltsichten.

Das Letzte und das Vorletzte

Heute sind zwei Anschauungen recht verbreitet: Entweder erlebnissüchtig und selbstgefällig durch Schau und Shows den Alltag vergessen wollen oder im anderen Extrem nur noch den Alltag gelten lassen zu wollen: Wir können und machen – tendenziell – alles! So lautet das manchmal verborgene, manchmal offen ausgesprochene Credo gerade dort, wo Krisen und Grenzen erfahrbar werden. Aber das totalitäre Credo bringt die Freiheit und die Würde des Menschen in Gefahr, weil es Menschen zu Objekten von anderen macht. Es ist spannend zu sehen, dass gerade der christliche Glaube und die evangelische Theologie ein Grundmuster für Denken, Erfahren und Handeln entwickelt haben, die diesen weltanschaulichen Momenten produktiv begegnen.

1. Christlicher Glaube vollzieht eine Unterscheidung. Er unterscheidet, was Gott und Nicht-Gott, was Schöpfer und was Schöpfung ist. Damit wehrt er Totalansprüche jedes innerweltlichen Bereichs ab. Er relativiert und begrenzt Ansprüche, die sich absolut setzen, und gibt sie zur vernünftigen Prüfung frei. Kein Zufall war es von daher, dass die neuzeitliche kritische Wissenschaft in der Welt des Christentums auf den Weg gebracht wurde – wenn auch am Anfang gegen kirchlichen Widerstand. Der christliche Glaube gehört zu den Wurzeln des vernünftigen, nicht magischen Umgangs mit der Welt. Der Glaube an ein „Letztes", was nicht Gegenstand dieser Welt ist, macht alle Handlungen und Erfahrungen in dieser Welt zum „Vorletzten" (Dietrich Bonhoeffer). Verbesserungen gibt es nur schrittweise und partiell und nicht risikofrei.

2. Gegenüber den Utopien der vollständigen Machbarkeit von Welt- und Lebensglück weiß der christliche Glaube um eine Grenze menschlichen Machens. Der Mensch ist endlich, sterblich, er lebt begrenzt in Raum und Zeit. Nur Vorletztes ist Gegenstand menschlichen Machens, Letztes ist Gegenstand menschlichen Glaubens. Das Bewusstsein, dass es für das Machen eines andern mit mir und für mein eigenes Machen Grenzen gibt, begründet die Freiheit, *endlich zu sein bzw. auch einmal etwas endlich sein zu lassen.*

Gegenüber den letzten Dingen ist Glaube angemessen, die vorletzten Dinge verlangen unsere Arbeit. Wenn ich z.B. glaube, wo etwas ganz anderes erforderlich wäre, nämlich rationale Unterscheidung, intensive Therapie oder pragmatische Kompromisse, Kampf und Arbeit, dann verwechsele ich Letztes und Vorletztes. Wo Vernunft und Tätigkeit angesagt ist, kann Glaube schaden. Aber auch das Umgekehrte gilt: Wo Glaube angesagt ist, kann Tätigkeit schaden. Kurse in Lebensmanagement, die Glück, Erfolg und Lebenssinn verheißen, nehmen zu. Das Unfertige und

Fragmentarische des Lebens, Leid und Behinderung werden mit einem Makel versehen. Leidende und sich als irgendwie „unvollendet" Erlebende sind dann selber „schuld", weil sie sich nicht in Richtung Ganzheit weiterentwickeln oder auf die Suche nach Ganzheit und Sinn begeben. Oft ist allerdings kein Sinn in einem Schicksal zu finden und „Ganzheit" eine utopische, gesetzliche Forderung. Es dürfen, wenn es Gott und sein vollendendes Anschauen gibt, Dinge für Menschen undurchschaubar und Lebensgeschichten uneinsichtig bleiben.

Dass sich Elemente solcher evangelischen Weltanschauung auch anders einsichtig machen lassen als durch Nachschauen in der Bibel, mag sein. Jedes vernünftige, zur Prüfung bereite Anschauen der Welt kann und soll in der evangelischen Weltanschauung eine gute Begründung finden können. Von daher bleibt es eine wichtige Aufgabe, die Schnittmengen von Glaube und Vernunft hervorzuheben. Der Nutzen christlicher Religion für das Leben besteht darin, dass erstere den realistischen Blick auf letzteres nachhaltig befördern kann.

2 *Das Geheimnis*
der Dreieinigkeit

Wenn ich als kleiner Junge in die Kirche ging, erinnere ich mich, dass vor der Lesung des Bibeltextes im Gottesdienst in der Regel auch der Name des jeweiligen Sonntags genannt wurde. Was waren das für seltsame Namen – meistens lateinische Worte – und wer versteht schon Latein? 19. Sonntag nach Trinitatis: Was sollte das bedeuten? Trinitatis, Dreieinigkeit – war das so wichtig, dass man die Sonntage danach zählte? Acht Wochen bis Weihnachten – das hätte ich mir vorstellen können. Aber Trinitatis?

Ostern, Pfingsten – diese Festtage haben ihre biblischen Geschichten: die Frauen am leeren Grab, die Jünger mit dem Geist Gottes erfüllt. Diese Festtage sind relativ bekannt. Dass es aber in der frühen Sommerzeit auch jenes Fest mit dem merkwürdigen Namen Trinitatis gibt, von dem die Sonntage bis in den Herbst hinein den Namen herleiten, ist nur sehr regelmäßigen Kirchgängern bewusst. Trinitatis – Fest der Dreieinigkeit – ist aber nicht nur ein fremder lateinischer Name. Auch der Inhalt dieses Festes ist keine so schöne Geschichte mit der Geburt eines Kindes mit Stall und Hirten, sondern etwas, das viele für eine der merkwürdigsten Merkwürdigkeiten des christlichen Glaubens halten: die Dreieinigkeit oder die Dreifaltigkeit Gottes.

Viele tun sich schwer mit diesem Lehrstück des Christentums, nicht erst heute. Und doch betrifft das Bekenntnis zur Trinität den innersten Kern des christlichen Glaubens. Es erscheint freilich wie ein fremdes weites Gebirge auf den ersten Blick unzugänglich und spröde. Doch wie beim Bergwandern können wir, je mehr wir ins Gebirge hineinsteigen, den Reichtum und den Glanz entdecken. Deswegen möchte ich drei Wege in dieses Gebirge unternehmen.

Der erste Weg:
Ganz anders und immer derselbe

Man könnte ja denken: Der Gott, der in der Schöpfung und in den Gesetzen der Natur wirksam ist, der hätte gar nichts zu tun mit Jesus Christus oder mit dem Geist Gottes, der Menschen bewegen und erfüllen kann. Oder: Mose, mit dem Gott am Berg Sinai von Angesicht zu Angesicht geredet haben soll, hätte deswegen eine vollkommenere Form der Offenbarung Gottes erlebt als die Jünger Jesu, die mit Christus in Galiläa herumzogen. Oder man könnte denken: Wir, die wir manchmal – wir wissen selbst nicht wie und warum – das Gefühl einer tiefen Glaubensgewissheit und eines Friedens verspüren, dass von Gott eine Kraft ausgeht, wir würden dann nur einen Schatten Gottes ergreifen und nicht ihn selbst. Das Bekenntnis zur Dreieinigkeit Gottes bezieht sich genau auf diese Fragen. Es antwortet auf sie: Es ist derselbe Gott, den Menschen durchaus unterschiedlich erlebt haben und erleben werden, in der Schöpfung, in der Erscheinung Jesu Christi und im Wirken seines Geistes heute. Das Bekenntnis zur Dreieinigkeit Gottes entstammt dem Staunen, dass Gott in den unterschiedlichen Formen seiner Offenbarung doch derselbe und der Gleiche ist, dass nicht einmal eine mindere und ein andermal eine höhere Form seines Wesens sich zeigt, sondern dass wir jedes Mal demselben begegnen – ihm, dem unbegreiflichen Gott, der sich Menschen ganz zuwendet.

Für die frühe Christenheit war es nicht selbstverständlich, dass der Gott des Alten Testaments und der Gott, der sich in Jesus Christus zeigte, derselbe gewesen ist – trotz der Spannungen und Differenzen, die es zwischen dem Alten und dem Neuen Testament gab und gibt. Ich suche ein Bild dafür. Wie jedes Bild passt es nicht ganz. Es ist so ähnlich wie bei einem Baum, der von verschiedenen Seiten angeschaut werden kann: von vorne, von hinten, von der Seite. Jedes Mal sieht er anders aus, aber es ist derselbe Baum, und je intensiver wir ihn von der einen Seite betrachten, desto mehr erschließen sich auch die anderen Seiten.

Die Trinitätslehre will recht verstanden keine Last, sondern eigentlich eine Hilfe für den Glauben sein, weil sie in ein Verhältnis setzt, was für den christlichen Glauben wichtig ist: Gott den Vater, Christus und den Heiligen Geist.

Der zweite Weg: Gott ist ein Kraftfeld

Das Bekenntnis zur Trinität verlockt, die Einheit von Verschiedenem zu suchen, zu entdecken und zu denken. Einheit von sehr Verschiedenen – das gibt es in der Ehe, in der Familie, in einer Gruppe, in der Beziehung von Menschen. Wenn mehrere eins sind, dann strahlt dies aus. Die Umgebung spürt das, es berührt sie. Es entsteht eine lebendige Dynamik. Ein Kraftfeld baut sich auf.

Was das Neue Testament von der lebendigen Beziehung zwischen Jesus und Gott seinem Vater erzählt, bezeugt ein solches Kraftfeld. Wenn die Jüngerinnen und Jünger im Neuen Testament aufgefordert werden, wie Jesus Gott Vater zu nennen, gewinnen sie Anteil an dieser Beziehungsenergie. Gottes Geist ergreift sie, und ihre Umgebung spürt das und wird das immer mehr spüren.

Einheit von verschiedenen – das gibt es gerade auch in der christlichen Gemeinde und in der christlichen Kirche. Verschiedenheit ist auch hier die Bedingung für die lebendige Dynamik. Keine Christin muss so sein wie die andere, keine Gemeinde wie die andere – entscheidend ist der Geist einer lebendigen Beziehung untereinander.

Ich habe langsam gelernt: Das Bekenntnis zur Dreieinigkeit Gottes ermöglicht so auch eine Toleranz unter Christen. Der strenge, reine Monotheismus – ein Gott, ein Reich! – kann oft eine Tendenz zur Unduldsamkeit bewirken, besonders wenn Menschen sich mit dem Willen des einen Gottes identifizieren. Sie sagen dann: Es gibt eine Wahrheit, alles ist eindeutig, und wir haben diese Wahrheit. So ist es nicht, gibt da das Bekenntnis zur Trinität Gottes zu bedenken. Es ist ein Gott, aber er hat sich verschieden gezeigt in der Geschichte und ist doch derselbe.

Angesichts der unterschiedlichen Frömmigkeitsstile lohnt es, statt auf Uniformität zu dringen bei dem Trinitatisfest in die Lehre zu gehen, ruhig 20 oder 22 Sonntage lang, und die Einheit des Verschiedenen zu bestaunen und mit Freude wahrzunehmen. Die Dreifaltigkeit Gottes ist der Schutzwall gegen alle Versuche der Gleichschaltung. Sie lädt zur Begegnung ein, weil Gott in sich selbst der Vorgang einer Begegnung und das Kraftfeld einer Liebe ist, an der Menschen Anteil bekommen können.

Der dritte Weg: Gott ist ein Geheimnis

Gerade als Kraftfeld, als Backofen voller Liebe, wie Luther einmal gesagt hat, ist Gott ein Geheimnis. Das Bekenntnis zu der Dreieinigkeit Gottes wahrt das Geheimnis Gottes. Gott ist von uns nicht in den Griff zu kriegen, er bleibt unserem Begreifen und Verstehen weit voraus. Er ist nicht nur größer als unser Herz, er ist größer als unsere Vernunft.

Der im badischen Bretten geborene Philipp Melanchthon, der Freund und Mitstreiter Martin Luthers, hat dies einmal so ausgedrückt: Die Geheimnisse der Trinität sind nicht zu entschlüsseln, sondern anzubeten. Gerade in der Anbetung werden Menschen vom Geheimnis Gottes ergriffen.

Das Bekenntnis zur Dreieinigkeit Gottes staunt über die Fülle und den Reichtum Gottes. Gott erfüllt verborgen, auf vielfältige Weise, alle Winkel der Welt und des eigenen Lebens. Es hat deswegen einen tiefen Sinn, wenn Segenswünsche in der Kirche auf den dreieinigen Gott bezogen werden. Gott als Vater über uns allen, Jesus Christus als Bruder neben uns und Gottes und Jesu Geist in uns allen.

Christen werden alle auf den Namen des dreieinigen Gottes getauft: auf den Namen des Vaters, des Sohnes und des Heiligen Geistes. Sie werden mit ihrem kleinen Leben durch die Taufe in die Fülle und den Reichtum Gottes hineingenommen. Es ist der Gott, der verborgen mitwirkt, dass wir am Leben sind, dass wir atmen, essen und trinken, dass wir des Tags das Licht der Sonne und nachts die Sterne sehen, der Gott, der von Schuld und Tod erlöst, und der Gott, der als Heiliger Geist den Glauben daran, Freude und Liebe im Leben bewirkt. Gott ist größer und weiter als wir denken können. Er erfüllt die Vergangenheit, die Gegenwart und die Zukunft unseres Lebens und der Welt.

Das Fest der Dreieinigkeit Gottes erinnert an das Geheimnis, das Gott ist und bleibt, es lehrt die Einheit in der Verschiedenheit zu sehen und zu suchen, vor allem aber: Es verlockt, sich dem Kraftfeld und der Fülle Gottes anzuvertrauen.

3 Wie kommt das Böse in die Welt?

Wie kommt das Böse in die Welt? Die Frage nach dem Ursprung des Bösen entsteht aus der Betroffenheit vom Einbruch von Gewalt, Leid und Zerstörung in unseren Alltag. Die Erfahrung des Bösen provoziert die Frage nach seiner Herkunft. In unzähligen Mythen und philosophischen Theorien haben die Menschen versucht, das Rätsel des Bösen zu lösen. Dass diese Frage so nachhaltig umtreibt, beweist nicht nur, wie belastend, sondern auch wie wenig selbstverständlich die Erfahrungen des Bösen sind.

- Ist das Böse von Anfang an da? Ist es gleichursprünglich mit der guten Schöpfung? D.h. gibt es in der Welt einen Dualismus zwischen Gut und Böse von Anbeginn an?
- Oder entsteht es erst nachträglich in der guten Schöpfung? Freilich wie? Ist es eine immer wieder aktualisierte Möglichkeit in Personen und Strukturen oder eine eigenständige Macht? Ist das Böse, wenn es sich immer wieder neu ereignet, auch einmal überwindbar? Wenn das Böse eine eigenständige Macht ist, wo kommt diese her? Ist der Teufel ein gefallener Engel?

Diese Fragen sind naheliegend und vielleicht sogar nötig. Freilich lauert in ihnen eine Falle. Sie können zu einer

Distanzierung vom Bösen führen, als sei dieses etwas, das wir uns gut vom Leibe halten könnten und als sei sein Ursprung eine abstrakte Frage, über die man spekulieren könnte.

Genau vor dem Hintergrund der eher abstrakten Alternativen, aber auch unserer unmittelbaren Erfahrungen des Bösen tritt das Charakteristische der biblischen Erzählung ans Licht, die wie keine andere mit der Frage nach dem Ursprung des Bösen verbunden wird. In der Ordnung der Predigttexte der evangelischen Kirche ist der Bibeltext 1. Mose 3,1 ff., der die sogenannte Geschichte vom „Sündenfall" erzählt, dem Sonntag Invokavit zugeordnet. Mit ihm beginnt die vorösterliche Fastenzeit, die eine Zeit der Selbsterkenntnis und der Buße ist. Dies zeigt: Die Erinnerung an diese Geschichte dient nicht unserer Distanzierung von den Phänomenen des Bösen, sondern im Gegenteil der Einsicht in unsere Verstrickung. Das Lesen der Geschichte will nicht zu einer abstrakten Erkenntnis, sondern zum Bekenntnis des eigenen Sünderseins führen.

So kommt die Geschichte auch nicht in der Form einer Theorie vom Ursprung des Bösen daher. Sie lässt sich nicht den obengenannten Alternativen zuordnen. Die Geschichte will auch nichts berichten, was einmal vor langer Zeit passierte, sondern etwas, das sich immer wieder ereignet: Böses bricht in unser Leben, in unsere Welt ein und verändert die Bedingungen unseres Lebens grundlegend.

Im Vergleich zu den Mythen und Theorien hat die Geschichte in 1. Mose 3 etwas eigentümlich Unspektakuläres (vgl. Gerhard von Rad, Das erste Buch Mose, Altes Testament Deutsch, Göttingen [12]1987), jedenfalls was die Frage der Entstehung des Übels betrifft. Sie nimmt den Schleier des Geheimnisses von dem Ursprung des Bösen nicht eigentlich weg, sie erzählt von ihm. Abstrakte Fragen beantwortet sie nicht. Sie verwickelt uns in Stimmungen und Gefühle, in Vorgänge und Erklärungen, aus denen wieder neue Fragen kommen.

Mit der Schlange jedenfalls ist das Böse noch nicht da. Sie gehört zu den Tieren, die Gott geschaffen hat. Sie ist „klüger", „listiger" als andere Tiere, aber im Sinne des Erzählers schwerlich Verkörperung einer dämonischen Macht, geschweige denn des Teufels oder eines dualistischen Prinzips. Es wäre gut, von diesem Anfang der Erzählung das große theologische Gewicht, das die kirchliche Auslegung ihm fast ausnahmslos beigelegt hat, zunächst einmal fern zu halten (von Rad). Man wird umgekehrt sagen: Gerade der leichte Einstieg der Geschichte hat Gewicht. Es gibt keinen Dualismus zwischen einem guten und einem bösen Prinzip. Es wird lediglich von einem eigenartigen und schwer zu deutenden Komparativ berichtet, der auf eine Differenz im eigentlich Guten (klug sein) und damit auf eine Spannung in der Schöpfung hinweist. Die Geschichte legt nicht die Existenz eines bösen Prinzips, eines Teufels nahe. Durch den Hinweis auf die Tiere, die Gott geschaffen hatte, wird auch eine sekundäre Selbstständigkeit des Bösen, die es irgendwie greifbar und objektivierbar machen würde, ausgeschlossen. Aber gleichwohl wird es eine bedrängende, nicht zu unterschätzende Wirklichkeit.

Die Schlange gibt den Anstoß dazu, dass etwas kaputt geht, was unendlich schön ist: das selbstverständliche Gefühl und Vertrauen, dass alles so, wie es ist, gut ist – in der Welt zu Hause zu sein wie in einem großen, reichen Garten ohne Angst, ohne Sorge. So malen Kinder Bilder von Blumen und einem Baum und einer Sonne, groß und gelb, die mit ihren Strahlen alles erhellt. Diese Kinderbilder dokumentieren ein Urvertrauen. Fehlt es völlig, können wir nicht leben. Und doch bilden diese Bilder nicht mehr die Realität der Welt ab: Wir kennen Angst, Kampf, Schweiß und Sorge, Schuld, Trauer und Scham, beste Absichten, die Einstieg in schlimme Entwicklungen sind.

Die Erwähnung der Schlange hat zunächst etwas Offenes. Dass sie zur Schöpfung Gottes gehört, wird betont.

Sie steht also nicht außerhalb von ihr. Das bedeutet, der Erzähler ist bestrebt, das Problem der Entstehung des Bösen so wenig wie möglich aus dem Menschen und den Interaktionen der Menschen herauszuverlegen. Das Böse entsteht unableitbar, keineswegs notwendig in menschlichen Interaktionsprozessen. Die Interaktion ist der äußere Grund für die Entstehung des Bösen.

Das Böse kommt, wenn die Güte Gottes vergessen wird

Die Raffinesse der Schlange ist oft beschrieben worden. Sie beginnt mit einer Frage, die das, was Gott gesagt hat, in charakteristischer Weise verdreht. Dadurch wird die Frau in ein Gespräch gezogen. Ihr wird nahegelegt, etwas richtig zu stellen. Sie tut dies und tut dies gleichzeitig mit kleinen Ungenauigkeiten! So kommt die Frau selbst auf den Baum, von dem zu essen Gott verboten hat.

Ist das Gebot schuld am Bösen? Man könnte argumentieren: Hätte Gott nicht verboten, vom Baum zu essen, wäre nichts passiert. Muss Gott verteidigt werden für sein Verbot? Der Mensch soll Gott nicht verteidigen, sagt ein russischer Theologe, vielmehr verteidigt Gott den Menschen. Dieses Verbot ist so ähnlich gemeint, wie wenn man einem Kind sagt: Von allen Beeren im Wald darfst du essen, nur von den Tollkirschen nicht! Das Gebot soll schützen. Es ist die Kehrseite der Erlaubnis, die heilsame Grenze menschlicher Freiheit. Weil soziale Verfasstheit, Gemeinschaft mit anderen und mit der Natur zu den Bedingungen des Menschseins gehört, gibt es einen Spielraum der Freiheit und keine Schrankenlosigkeit.

Bedeutsam ist, dass die Frau in ihrer Reaktion sich nicht auf die Erlaubnis Gottes bezieht. Sie vergegenwärtigt in ihrer Antwort Gott nur als begrenzende Macht. Sie konstatiert nur: „Wir essen von allen Früchten ..." und übersieht dabei sozusagen das Evangelium, das erste Wort Gottes: „Du darfst essen von allen Bäumen im Garten ...!" (1. Mose 2,16) In den Verschiebungen und Umdeutungen, die sich im Interaktionsprozess ereignen, wird der Weg zum Einbruch des Bösen gebahnt.

Immer wieder wird hervorgehoben, dass unsere Geschichte im Streben nach Grenzenlosem, im Titanischen die große Versuchung des Menschen sieht. Das in vielen Mythen vorkommende Motiv des Neides der Gottheit spielt auch in 1. Mose 3 hinein. Gott hat Angst vor seinem Geschöpf! Diese Deutung gibt die Schlange vor: Es ist Missgunst, dass Gott ein Verbot gegeben hat! Er meint es nicht gut! Wenn ihr von dem Baum esst, werdet ihr selbst göttlich werden und alles wissen! In dem Grenzenlosen und in der Faszination einer totalen Ermächtigung sieht die Erzählung den Fall des Menschen, seine eigentliche Trennung von Gott, zweifellos vollzogen. Die Versuchung durch das Titanische kann freilich nur auf dem Hintergrund eines vorgestellten Mangels wirken. Der vorgestellte Mangel kommt vom Vergessen des Guten, der grundlegenden Erlaubnis, von allen Bäumen essen zu dürfen.

Die Aussicht auf eine mögliche Lebenssteigerung, nicht der Absturz ins Untermenschliche, ist für die Entstehung des Bösen und des Übels verantwortlich. Warum ist das so? Weil das Grenzenlose die soziale Verfasstheit des Menschen, die Tatsache, dass er immer Mensch unter Menschen, Mitmensch ist, negiert. Man könnte das Motiv der größeren Klugheit der Schlange aufnehmend sagen, der Komparativ kann seine Unschuld verlieren und asozial werden. Als Mitmensch ist der Mensch nicht grenzenlos. Selbstübersteigerung zerstört deswegen die Mitmenschlichkeit des Menschen. In ihr realisiert sich der Wechsel vom „Ebenbild Gottes" zum „Sein wie Gott".

Abwehr des Titanischen ist aber keineswegs die ausschließliche Pointe der Geschichte. Vielmehr ist dreierlei wichtig:

1. Auch das Böse will nur unser Bestes. Das macht echte Versuchungen so schwer zu durchschauen.
2. Das Böse entsteht dadurch, dass das Vertrauen in Gott sich in Misstrauen verwandelt. Das Böse kommt, wenn nicht an die Güte Gottes geglaubt wird.
3. Die Schlange erfindet die Bedrohung und den Mangel, dessen Heilung sie verspricht. Sie lügt. Am Anfang der bösen Tat steht eingeflüsterte, phantasierte Sorge, die zu einer Fehleinschätzung führt. Das Böse kommt aus Angst vor einer vermeintlichen Zurücksetzung. Es ist der unglückliche *und* unnötige Versuch, einen bloß vorgestellten Mangel auszugleichen.

Das Böse entsteht aus ver-rückter Beziehung

Der Erzähler zeichnet in Vers 6 ein wunderbares Bild, eine wortlose Szene, in der die Frau überlegend vor dem Baum steht und dann die Entscheidung fällt. Sie sieht die köstliche Speise, die Lieblichkeit der Frucht und die Verlockung, klug zu werden. Nach dieser Betonung der dreifachen Versuchung durch den Erzähler wird das Essen selbst und die Weitergabe an den Mann wieder eigentümlich beiläufig erzählt. Den Akzent trägt wieder der innere Vorgang, der nach der äußeren Handlung erfolgt. Mann und Frau erkennen, dass sie nackt sind, und machen sich Schurze. Man darf diese Stelle nicht oberflächlich in dem Sinne verstehen, als würden die zwei jetzt ihre Geschlechtlichkeit entdecken und deswegen Scham empfinden. Etwas Tieferes ist gemeint. Sie machen sich Schurze, weil ihr Vertrauensverhältnis zueinander zerstört ist. Sie haben Angst voreinander und misstrauen sich und wollen sich voreinander schützen. Weil die titanische Verlockung die soziale Beziehungsstruktur zerstört, ist das Misstrauen auch begründet! Misstrauen, das gegenüber Gott besteht, setzt sich fort im Misstrauen der beiden Menschen untereinander. Das Böse entsteht durch die Zerstörung von Beziehungen. Es wurzelt in „ver-rückter" Beziehungsstruktur. Der Komparativ im Positiven, der in der Beschreibung der Schlange angedeutet ist, verkehrt sich in negative Differenzerfahrung.

Angst, Scham und Schutzbedürfnis werden größer, als die beiden im Garten das Geräusch der Schritte Gottes hören. Wenn Gott wirklich so missgünstig ist, wie die Frau fantasierte, als sie von dem Baum aß, dann muss man sich auch vor ihm verstecken.

Es beginnt ein Verhör, in dem – fast komisch – die Verantwortung von den Angeredeten wie ein schwarzer Peter weitergereicht wird: Vom Mann zur Frau bzw. zu Gott, von der Frau zur Schlange. In umgekehrter Reihenfolge wie das Verhör folgen nun drei Strafworte. Diese Strafworte sind sämtlich ätiologisch zu verstehen. D.h. in ihnen gibt der Erzähler über beunruhigende Rätsel und Nöte Rechenschaft.

Das erste Rätsel ist die Spannung zwischen Mensch und Schlange. Dabei ist zunächst das Tier Schlange gemeint. Man wird sich hüten, sie einfach sinnbildlich zu verstehen, und doch fällt es keinem Leser ein, bei dem realistischen Verständnis stehen zu bleiben (von Rad). Die wirkliche Schlange ist gemeint, aber in ihr und ihrem rätselhaften Verhältnis zum Menschen wird zugleich das Verhältnis des Menschen zum Bösen anschaubar. Es gibt fortan eine Spannung zwischen dem Menschen und diesem, ein Kampf, der nicht beendet werden kann. Eben das ist ein wirklicher Fluch.

Frau und Mann werden nicht verflucht. Aber Leid und Gegensätze bestimmen die Existenz und das Verhältnis der Geschlechter. Die selbstverständliche Harmonie ihrer Beziehung bleibt zerstört. Die Schmerzen der Geburt entsprechen den Mühen, der Härte und der Vergeblichkeit der Arbeit. Nicht die Arbeit an sich wird als Fluch bewertet, sondern dass sie so bedroht ist von Fehlschlägen und

Leerläufen, dass sie oft genug vergeblich ist und ihr tatsächlicher Ertrag letztlich oft in keinem Verhältnis steht zu ihrem Aufwand, das bezeichnet der Erzähler als einen Missklang in der Schöpfung, der nicht aus Gottes ursprünglicher Ordnung zu erklären ist (von Rad). Auch der Tod an sich wird nicht als Strafe in der Geschichte geschildert. Nicht das Sterben an sich ist eine Strafe, sondern die erschreckende Wirklichkeit des Todes als eines düsteren Endes, in dem unwiderruflich alles Lebendige zu Staub und Erde zurückfällt.

Zwei Gegenkräfte gegen das Böse

Nach dem Drohwort von 1. Mose 2,17 müsste es eigentlich so sein, dass die Menschen nach dem Genuss der Frucht des Baumes sofort sterben. So ist es aber nicht. Sie bekommen eine gestundete Zeit für ihr Leben jenseits von Eden. Bei aller Düsternis erzählt die Geschichte von zwei Lichtblicken:

1. Der Mann nennt seine Frau „Eva". Eva – dies ist ein Ehrenname: Mutter aller Lebenden. Der Wirklichkeit des Todes wird die Reihe der Geschlechter entgegengesetzt. Der Fortgang des Lebens ist die erste Kraft gegen das Böse. Mit der Geburt neuen Lebens wird ein Gegengewicht gegen Gewalt und Zerstörung errichtet.
2. Gott macht den Menschen Kleider aus Fell. Sie sind besser als die aus Blättern, die sich die Menschen vorher machten. Kleider wärmen, Kleider schützen. Wärme und Schutz brauchen die Menschen jenseits von Eden auf dem steinigen Acker und dem freien Feld. Sehr behutsam wird so zum Ausdruck gebracht, dass sich Gott nicht feindlich gegen den Menschen kehrt, sondern ihm gibt, was er braucht. Kleider sind ein Stück Kultur. Das heißt: Die Kultur ist die zweite Kraft gegen

das Böse. Sie besiegt es nicht, aber sie kann es in seinen schlimmen Folgen bändigen. Gott der Schöpfer erscheint in dieser Geschichte zum ersten Mal als Erhalter.

Jenseits von Dualismus, Verharmlosung
und Faszination

Woher kommt das Böse? Die Geschichte beantwortet diese Frage nicht mit einer einfachen These. Sie schildert Etappen der Entstehung des Bösen. Sie gibt darüber hinaus einige Positionen für den Umgang mit den Erfahrungen des Bösen zu denken.

1. Das Böse ist nicht von Anfang an da. Es gibt keinen Anhalt für einen Dualismus des guten und des bösen Prinzips in der Welt. Durch Dualismus entlasten sich Menschen von der Verantwortung bzw. Mitverantwortung für das Böse. Die Kritik dualistischer Erklärungsmuster für das Böse bleibt aufgrund von 1. Mose 3 eine wichtige Aufgabe, gerade weil dies Denkmuster so verführerisch ist. Es ist deswegen so verführerisch, weil es die Ausgrenzung des Bösen erlaubt – entweder bei anderen, indem sich Menschen im Zustand völliger Unschuld wähnen oder in sehr seltenen Fällen bei ihnen selbst, indem sie sich in übersteigerter und perverser Lust selbst etwa als Kinder des Satans mit dem Bösen identifizieren.

2. Das Böse ist im Blick auf die Schöpfung sekundär. Es entwickelt sich in ihr aus Differenzen und Beziehungen sowie vor allem aus den Vorstellungen, die die Partner der Beziehungen voneinander haben. Es entsteht genauer gesagt aus fiktiven Vorstellungen, die in diesen Beziehungen mächtig werden können, aus inneren Bildern, die eine eigene machtvolle Wirklichkeit entwickeln, obwohl sie falsch – ver-rückt – sind.

3. „Die schönste List des Teufels ist, dass er uns überzeugt, es gäb' ihn nicht" (Baudelaire). Die Dynamik des Bösen ist nicht zu unterschätzen. Es greift um sich und entwickelt sich fort. Der Erzählung in 1. Mose 3 folgt die Geschichte von Kain und Abel usw. Das Böse ist unter uns und in uns. Wir können nicht in einen Raum jenseits des Bösen entfliehen.

4. In der Kulturgeschichte wechseln Phasen, in denen das Gewicht des Bösen bewusst vernachlässigt wird, mit Phasen, in denen das Böse einen fatalen ungeheuren Reiz als die andere und vielleicht stärkere Macht ausübt. Das Gewicht des Bösen soll man nicht vernachlässigen und vergessen, aber auch nicht der Faszination des Bösen anheim fallen. Wer sich vom Bösen faszinieren lässt, gibt ihm zu viel Ehre und ist schon auf dem besten Weg, sich von ihm verführen zu lassen. Die Rede von der „Banalität des Bösen" (Hannah Arendt) enthält einen unaufgebbaren Aspekt.

5. Von Martin Luther gibt es gibt es zwei spannungsvolle Aussagen: 1. „Darin besteht eigentlich ein christliches Leben, dass wir uns für Sünder halten und um Gnade flehen." 2. „Du musst die Sünde in der Gnade sehen." Ein dualistisches Verständnis, Vernachlässigung und Faszination sind die in 1. Mose 3 abgewehrten Haltungen gegenüber dem Bösen. Stattdessen geht es um seine realistische Anerkenntnis des Bösen und zugleich um seine Relativierung. Können wir auch nicht in eine Position jenseits des Bösen entfliehen, so ist es doch keine letzte Wirklichkeit. Nicht den Teufel soll man fürchten, sondern Gott. Wer Gott über alle Dinge fürchtet, liebt und vertraut, kann, darf und soll über den Teufel lachen.

6. „Der Bannkreis des Bösen" wird nicht einfach durch Vernunft und gute Gründe durchbrochen. Gegen den Teufel hilft – unter anderem – auch Musik! In der Sommerzeit

singen evangelische Christinnen und Christen gerne ein Lied, das mit vielen Motiven aus Genesis 1 und 2 spielt. Es handelt von der „schönen Gärten Zier", von „Bäumen voller Laub" und schließlich vom „Garten Christi", von „Glaubensfrüchten" und vom „guten Baum", der ich werden möge. Das Lied tut so, als wären wir nicht aus dem Garten Eden auf den steinigen Acker vertrieben. Es hat als Glaubensaussage und Lob Gottes auch recht!

4 *Wissenschaft und Religion*

Als letztes Werk vor seinem Tod (1520) hat der italienische Maler Raffael ein Bild gemalt, auf dem in *einer* Komposition zwei aufeinanderfolgende Erzählungen des Markus-Evangeliums (9,2 ff.) vereinigt sind. Das Bild zeigt in seiner unteren Hälfte, wie ein epileptischer Knabe von seinem verzweifelten Vater zu den Jüngern Jesu gebracht wird. Der Junge in seiner verkrampften Haltung wird von rechts her geradezu in die Mitte des Bildes geschoben. Seine Arme bilden eine Senkrechte und weisen so nach oben; man glaubt, seine Schreie zu hören und seine Krämpfe wahrzunehmen. Der Vater erfleht Hilfe von den Jüngern, aber sie sind ratlos angesichts des Kranken.

Die obere Hälfte des Bildes vermittelt eine ganz andere Stimmung. Wie in einem jenseitigen Raum hat der Maler die Verklärung Jesu auf dem Berg dargestellt. Jesus, in der blauen Lichtfülle des Himmels mit erhobenen Händen, schwebt ähnlich im Raum wie Raffaels berühmte Sixtinische Madonna; himmlische Gestalten, der Prophet Elia und Moses, sind an seiner Seite.

Irdisches Elend und überirdischer Trost stehen sich, wie Jakob Burckhardt zu diesem Bild schrieb, gegenüber. Was Raffael in zwei Bereichen, aber immerhin noch auf einem Bild zusammenfasst, hat die Wirkungsgeschichte des Bildes nun oft genug auseinander gerückt. In manchem Sammelband über das Christusbild im Spiegel der Zeit findet sich nur der obere Bildausschnitt. Als Andachtsbild kann man in Rom, wo dieses Bild im Museum hängt, die obere Hälfte des Bildes allein erwerben.

Einige Ärzte haben vor Jahren darauf aufmerksam gemacht, dass dieser Erdenvergessenheit der Religion auch eine Vergessenheit auf der anderen Seite, auf der Seite der Medizin, entspricht. Der amerikanische Epilepsieforscher W. Lennox hat das Raffaelbild seinem großen Werk über die Epilepsie als Leitbild vorangestellt – aber nur im Ausschnitt! Der Mediziner hat sich auf die untere Hälfte des Bildes beschränkt, wo der kranke Knabe in offenbar charakteristischer Weise unter seinen epileptischen Krämpfen leidet. Die obere Hälfte des Bildes, der offene Himmel und die Gestalt Jesu, finden keine Berücksichtigung. Die Beziehung zwischen den beiden Bildhälften, die Verweise und Brücken zwischen Himmel und Erde, um die es Raffael durchaus zu tun war, sind übersehen.

Das Bild selbst und seine doppelte Wirkungsgeschichte können als Beispiel für eine bestimmte Situation des Verhältnisses von Wissenschaft und Religion dienen. Zwei Bereiche haben sich herausgebildet und voneinander entfernt. Jeder Bereich ist sich selbst genug: die Wissenschaft für eine Erde ohne Himmel und die Religion für einen Himmel ohne Erde. Nicht nur ausdrücklich religiöse Menschen empfinden diese Situation als ungenügend und fragen nach den Brücken zwischen Wissenschaft und Religion, mithilfe derer sie beiden in ihrer persönlichen Weltsicht einen Platz geben können.

Zur Differenz von Wissenschaft und Religion

Das Thema Wissenschaft und Religion bezeichnet das Verhältnis zwischen zwei Größen. Ein solches Verhältnis kann grundsätzlich ein

- spannungsvoller Gegensatz,
- beziehungsloses Nebeneinander oder eine
- sinnvolle Ergänzung sein.

In welcher Weise das Verhältnis von Wissenschaft und Religion empfunden und gelebt wird, hängt einmal von historischen, kulturellen Bedingungen ab, aber auch davon, was jeweils unter Wissenschaft und was unter Religion verstanden wird. Dabei ist zu berücksichtigen, dass unter den Bedingungen der Gegenwart das Verhältnis von Wissenschaft und Religion faktisch im Plural existiert als Verhältnis von den Wissenschaften zu den Religionen. Ist man sich der Vereinfachung bewusst, kann durchaus auch nach dem Verhältnis im Singular gefragt werden.

Wissenschaft ist das, was Wissen schafft. Folgt man einem positivistischen Verständnis, werden in der Wissenschaft falsifizierbares Wissen, also Hypothesen, erzeugt. Wissenschaft produziert technisch und sozial anwendbares Wissen, das die Verfügungsmacht über die Wirklichkeit erweitert. Der Zauber besonders von Naturwissenschaft und den auf ihr beruhenden Techniken beruht auf ihren Machtmöglichkeiten. Kein Wunder, dass sie schon bald mit einer Art religiöser Aura umgeben wurde.

Bei Religion hingegen „geht es nicht um das, was wir pragmatisch beherrschen, technisch können und theoretisch wissen, sondern um die praktische Anerkennung der unverfügbaren Sinnbedingungen unserer Existenz" (Thomas Rensch). Man kann im Anschluss an Rudolf Otto u.a. Religion als Resonanz auf den Appellcharakter der objektiven Wirklichkeit bestimmen, die eben nicht nur zum Prüfen, Messen und Wählen herausfordert. Religion ist weniger durch die aktive Vergrößerung menschlicher Macht gekennzeichnet; sie ist Umgang mit der Erfahrung menschlicher Abhängigkeit.

Was Letzteres heißt, hat Gerd Theißen in seiner Antwort auf die „Parabel vom Gärtner, den es gar nicht gibt" von Anthony Flew erzählt: „Es waren einmal zwei Forschungsreisende, die zu einer Lichtung im Urwald kamen. Dort blühten allerlei Blumen und allerlei Unkraut. Der eine Forscher sagt: ‚Es muss einen Gärtner geben, der dieses Land bearbeitet.' Der andere stimmte ihm nicht zu ... Sie bauen also ihre Zelte auf und halten Wacht. Aber einen Gärtner bekommen sie nicht zu sehen ... Sie errichten einen Zaun aus Stacheldraht. Sie setzen ihn unter Strom ... Aber keine Bewegung des Stacheldrahts verrät je einen unsichtbaren Kletterer ... Doch der Gläubige ist noch nicht überzeugt. ‚Der Gärtner ist unempfindlich gegenüber elektrischen Schlägen' ... ‚Im Verborgenen kommt er, den Garten zu versorgen' ... Der Skeptiker verzweifelt zum Schluss ... ‚Woran unterscheidet sich das, was du einen unsichtbaren, ungreifbaren und ewig entweichenden Gärtner nennst, von einem eingebildeten Gärtner oder gar von einem Gärtner, den es gar nicht gibt?'" Theißen antwortet: „Skeptiker und Gläubiger sind unwiderlegbar ... Dabei sind sie in gleicher Weise irreligiös. Der überraschende Garten im Urwald berührt sie nicht. Sie überhören den Appell, auf diese Ordnung mit ihrem Verhalten zu antworten. Was würde ein wirklich religiöser Mensch tun? Er würde ausrufen: ‚Dieser Garten ist gut! Wir wollen ein Fest machen, weil wir ihn gefunden haben! Wir wollen dieses Fest immer wieder wiederholen! Und wir werden uns jedes Mal daran erinnern, wie wir den Garten gefunden haben!' Damit hätte er einen Kult gestiftet. Weiter würde er sagen: ‚Wir wollen uns bemühen, diesen Garten zu erhalten und weiterzuentwickeln. Der Dschungel soll ihn nicht überwuchern'" (Argumente für einen kritischen Glauben, München 1978, S. 52 f.).

Religion ist das Echo auf eine bewegende Übermachterfahrung – in der Geschichte: die Erfahrung des schönen Gartens. Die Resonanz auf diese Erfahrungen sind die Etablierung eines Ritus und eine Handlungsverpflichtung. Man kann daher definieren: „Religion ist die gemeinschaftliche Antwort des Menschen auf Transzendenzerfahrung, die sich in Ritus und Ethos Gestalt gibt" (Theodor Sundermaier).

Der berühmte Konflikt um Galileo Galilei zeigt ein *hierarchisches Verhältnis* zwischen Religion und Wissenschaft. Die Religion, genauer gesagt die religiöse Institution, steht über der Wissenschaft. Das 16. Jahrhundert zeigt das Auseinandergehen von wissenschaftlicher und religiöser Wahrheit. Mit Macht verbündet kann sich Religion noch durchsetzen. Die Folgezeit wird von dem weiteren Auseinandertreten von Wissenschaft und Religion gekennzeichnet. Jetzt kann sich der Gegensatz von Wissenschaft und Religion verschärfen. Wissenschaft und Religion kämpfen gleichsam um Landbesitz in der gesellschaftlichen und seelischen Wirklichkeit. Wissenschaft kann der Religion jeglichen Wahrheitsanspruch bestreiten und sie in das Land der Illusionen verweisen. Sie kann sie aber auch zu begründen versuchen und dadurch erst recht ihre übergeordnete Stellung beweisen.

Dialektisch funktionale Modelle weisen der Wissenschaft zu, was der Wissenschaft, und der Religion, was der Religion ist. Wissenschaft definiert sich dann selbst als Teil in einem Ganzen. Von einem religiösen Standpunkt kann dies aufgegriffen werden: Sofern Wissenschaft eine letzte Bedeutung, eine Heilsbedeutung, für den Menschen gewinnt, gilt ihr die religiöse Kritik. Sie hat, wie im Anschluss an Augustin zu formulieren wäre, einen Gebrauchswert, keinen Letztwert. In diesem Modell wird zum vernünftigen und kritischen Gebrauch, zur ethisch verantworteten Wissenschaft aufgerufen. Wissenschaft ist dann wie Kultur überhaupt Bewährungsfeld von Liebe zum Wohl der Welt. Insofern sie zu den Bedingungen des Lebens und Überlebens in der Welt gehört, geschieht auch in und durch Wissenschaft Gottes Erhaltungswille.

Wenn heute zu einer Balance zwischen Verfügungs- und Orientierungswissen aufgerufen wird, so setzt sich hier die funktionale Differenzierung zwischen Natur- und Geisteswissenschaften, aber auch zwischen Wissenschaft und Religion fort. Die moderne Rede von den „Lebenswissenschaften" hingegen ist in der Gefahr, diese funktionale Differenzierung wieder aufzuheben und neue Monopolisierungen zu unterstützen.

Brücken

Unter den Bedingungen der Autonomie von Wissenschaft und Religion bedarf es über das funktionale Modell hinaus der „Über-setzungen" zwischen Wissenschaft und Religion. Unterschiedliche Brücken von einem Ufer zum andern werden faktisch beschritten und sind immer neu auf ihre Trag- und Verbindungsfähigkeit zu überprüfen. Dabei halte ich es für wichtig, die unterschiedlichen „Brücken" eher als Ensemble zu sehen denn als Alternativen.

■ Brücke der ethischen Gebote

Es wird immer wieder versucht, die Beziehung zwischen Wissenschaft und Religion über Ethik zu stiften. Die Angewiesenheit wissenschaftlicher Forschung und Anwendung auf ethische Reflexionen und Orientierungen bietet den Ansatz dafür, Religion als Normquelle für Wissenschaft und Technik zu verwenden. Aktuelle Beispiele aus den Debatten um die Biomedizin sind allgegenwärtig. Das Problem bei dieser von religiöser Seite her scheinbar nahe liegenden Brücke ist nicht nur, dass man möglicherweise ein neues hierarchisches Verhältnis etabliert – freilich eines ohne Macht! Gravierender ist, dass Religion dabei leicht ethisch funktionalisiert wird und ihr eine ethische Eindeutigkeit unterstellt wird, die nicht sie selbst, sondern allenfalls die Gesinnung einiger religiöser Menschen hat.

■ Brücke der Erlaubnisse

Die Brücke der ethischen Begrenzung muss balanciert werden durch die Brücke der Erlaubnis. Im Abendland hat gerade die Erkenntnis der Jenseitigkeit Gottes dazu geführt, dass religiöse Tabus beseitigt wurden. Weil der Hain nicht mehr heilig und die Natur nicht mehr göttlich war, wurde diese wissenschaftlicher Forschung zugänglich. War es in der jüngsten Vergangenheit auch manchmal theologisch schick, sich des Befehls aus der Schöpfungsgeschichte, sich die Erde untertan zu machen (1. Mose 1,27 ff.) nur reuevoll zu erinnern, so muss man dennoch urteilen, dass dieser zur Befreiungsgeschichte des Menschen gehört. Für die Brücke der Erlaubnis gibt es viele Ansätze in der biblischen Religion. Z.B. führt in Psalm 8 (s.o. S. 12 ff.) das Staunen über den gestirnten Himmel zu geschärfter Selbstwahrnehmung und zum Bewusstsein der Verantwortung in der Schöpfung.

■ Brücke der Entsprechung

Es sind interessanterweise Naturwissenschaftler, die immer wieder gewisse Entsprechungen zwischen ihren Forschungen und religiösen Inhalten formulieren. Sehr anschaulich schildert z.B. der Astrophysiker Arnold Benz die Analogien zwischen Vorgängen kosmischen Neuentstehens und der Auferstehung. Überall, wo etwa in Biologie und Physik die Forschung in das Staunen umschlägt, kann sich das Staunen Worte bei der religiösen Tradition leihen. Die Theologie sollte hier nicht zu schnell mit dem

Verdacht der natürlichen Gotteserkenntnis kommen, sondern den wechselseitigen Sprachgewinn anerkennen.

■ Brücke der Ent-täuschung

Wissenschaft kann nicht nur zum existentiellen Staunen, sondern auch zu der realistischen Einsicht führen, dass unsere Augen manches nicht sehen und wir „gar nicht viel" wissen. Ungefähr in der derselben Zeit, in der Matthias Claudius seine vielzitierte Strophe über die Beschränktheit menschlicher Erkenntnis in seinem Gedicht über den Mond schrieb, heißt es im vorrevolutionären Frankreich am Schluss von Chaderlos de Laclos berühmtem und berüchtigtem Briefroman „Gefährliche Liebschaften (Liaisons dangereuses)": „Und nun Gott befohlen, liebe, würdige Freundin, ich erfahre es jetzt, dass unsere Vernunft, die schon zur Verhütung von Unglück so wenig hinreicht, noch weniger genügt, uns darüber zu trösten." Wenn das Leben Gott anbefohlen wird, getraut man sich auch einzugestehen, dass Wissenschaft und menschliches Vermögen immer nur begrenzte Reichweite haben. Es ist ein Stück Hellsicht, als Täuschung zu erkennen, dass in der Lebens- und Weltgeschichte alle Fragen beantwortbar und alle Probleme lösbar wären. Die irdische und die himmlische Hälfte des Raffaelbildes weisen auf ihre Weise darauf hin. Auch deswegen gehören sie zusammen. Dass es einen Himmel gibt, macht die Erde leichter.

5 Die Weltgeschichte ist
nicht das Weltgericht

Im Jahr 1536 begann der über sechzigjährige Michelangelo in der Sixtinischen Kapelle in Rom sein großes Wandgemälde „Das Jüngste Gericht". Wer im Besucherstrom heute die Kapelle betritt, steht zunächst verwirrt vor dem unruhigen Bild mit der Fülle seiner Farben und Figuren. Bald erkennt man: Christus tritt in der Mitte des oberen Teils des Bildes hervor. Seine nackte Gestalt scheint sich machtvoll zu erheben. Der Menge auf der rechten Seite gilt die Aufmerksamkeit des wiederkommenden Herrn. Nur eine wegwerfende, verachtende Geste hat er für die Gestalten auf der linken Seite des Bildes. Qual und Entsetzen stehen ihnen auf dem Gesicht geschrieben. Charon, der Fährmann der Toten aus dem griechischen Mythos, entfernt sein gedrängt volles Boot aus dem Bereich des göttlichen Heils.

Trotz aller Eigenständigkeit in der Gestaltung des Themas steht Michelangelo mit seinem Werk in der Tradition von unzähligen mittelalterlichen Bildern und Portalplastiken gotischer Kirchen vom Jüngsten Gericht. Sie stellen das Drama eines künftigen Endzeitprozesses dar. Das Antlitz des thronenden Christus beherrscht die Szene. Engel blasen die Posaunen. Die Toten stehen aus ihren Gräbern auf. Selige und Verdammte, Gerechte und Sünder bilden zwei Gruppen rechts und links an den Seiten des Bildes.

Zeitkritisch haben die Bildhauer oft genug Fürsten und Bischöfe unter die Verdammten gemischt.

In diesen Darstellungen sind verschiedene biblische Stoffe aus dem Neuen Testament miteinander zu einer Einheit verwoben. Den Extrakt der Bilder vom Jüngsten Gericht formuliert das Apostolische Glaubensbekenntnis seit den ersten Jahrhunderten der Christenheit: „... von dort wird er – Christus – kommen, zu richten die Lebenden und die Toten".

Die Komposition der mittelalterlichen Bilder, die wilden Fratzen der Teufel oder die Eleganz der himmlischen Gestalten am Westportal der Kathedralen können wir bewundern, über die kräftigen Farben und Bewegungen in Michelangelos Fresko in Rom staunen. Aber wie nah – oder besser: wie fern? – ist unserem Lebensgefühl das Thema der Bilder, ein Jüngstes Gericht mit Christus als kommendem Weltenrichter?

Man wird diese Frage nicht mit einem Satz beantworten können. Es gibt unter uns sicherlich eine Fülle von halbeingestandenen, sehr persönlichen Phantasien oder Vermutungen, wie es nach dem Tod weitergehen könne. Menschen mit so genannten Nahtoderlebnissen erzählen von einer verdichteten Lebensbilanz, also einer Art persönlichem „Endgericht". Doch fern ist die Überzeugung, dass die Zeit nur ein Vorspiel der Ewigkeit sei und wir vor einem andern Rechenschaft ablegen müssen über unser Tun und Lassen. Die Macht traditioneller christlicher Jenseitsbilder ist geschwunden. Die beängstigenden Vorstellungen von einem universalen letzten Gerichtsakt scheinen heute wohl kaum den Alltag zu bestimmen. Das Urteil über unser Leben sprechen wir selber oder erwarten es von unserer Umgebung. Die Summe eines Lebens ergibt sich aus dem Wechselspiel von Selbst- und Fremdbeurteilung. Man schämt sich darum eher bei dem Blick in den Spiegel oder vor den Blicken der andern, als dass man das

Angesicht des kommenden Christus erwartet, sehnsüchtig oder furchtsam, wie es die Menschen im Mittelalter taten. Die Lebensgeschichte selber, erreichter Erfolg und erlittene Kränkung, wird so wie ein letztes Lebensgericht erlebt und gewertet. Geflügelt ist das Wort geworden, dass es eben die Geschichte selbst ist, die den bestraft, der zu spät kommt d.h. im Leben etwas verpasst oder versäumt.

Weltgeschichte als Weltgericht

Apokalyptische Endgerichtsvorstellungen prägen das Lebensverständnis nicht. Aber gerade dadurch kommt die vergessene Vorstellung von einem endgültigen Gericht in veränderter Gestalt kaum merklich durch die Hintertür wieder herein: als Idee von der Weltgeschichte als Weltgericht. Endspiele und Endzeitpropheten haben in regelmäßigen Zeitabständen Konjunktur. Der Thrill eines drohenden Weltuntergangs wird nicht nur in Filmen und Sciencefictionromanen vermarktet. Eines der montags erscheinenden Nachrichtenmagazine titelte vor dem Jahrtausendwechsel „Am Rande des Abgrunds" und schrieb: „Die nahe Jahrtausendwende löst Endzeitgefühle aus". Ein Ausschnitt aus Michelangelos Bild „Das Jüngste Gericht" aus der Sixtinischen Kapelle diente den Blattmachern als Schocker für die Titelseite. Es war nicht der richtende Christus, der das Fresko des italienischen Malers beherrscht, sondern einer der Verdammten, dem der Schrecken auf dem Gesicht steht. In der Popmusik können ohne Scheu und Verkaufseinbußen uralte apokalyptische Motive aus der Welt der Religionen aufgenommen werden. Michael Jackson zelebrierte einen Earth-Song, in dem er die Zerstörung der Welt, die Vernichtung des Lebensraums durch Krieg, Hunger und Katastrophen besingt. „The heavens are falling down", heißt es in diesem Lied. Mit dem neuen Jahrtausend ist zwar ein bedeutungsschweres Datum vergangen, aber keineswegs der Anlass für globale Katastrophenszenarien.

Apokalyptische Visionen kommen zweifellos einem Erlebnisbedürfnis entgegen. Hinter der Wiederkehr von Weltuntergangsstimmungen und apokalyptischen Szenarien steht aber nicht nur die Lust am Schauer. Wir müssen genauer hinsehen.

Die moderne Kultur und Zivilisation wird als sehr unsicher erlebt. Dass Zukunft automatisch Verbesserung bringt, glauben immer weniger. Der die ganze Neuzeit bestimmende Zusammenhang von Fortschritt und Hoffnung ist ins Wanken gekommen. Je mehr wir wissen, desto weniger wissen wir, wohin uns dieses Wissen führt. Der Gedanke, was sein wird im Jahr 2023, ist angesichts von Ozonloch, Ökokrise, Trinkwassermangel und Weltbevölkerungswachstum eher mit Angst besetzt. Wir leben, heißt es, nach der Prognose des Schlimmsten, aber vor dem Eintritt des Schlimmsten. An allen Ecken drohen Enden. Szenarien vom Krieg der Kulturen treten an die Stelle der Bilder vom Jüngsten Gericht. Wo einst der Glaube an einen so oder so urteilenden Weltenrichter war, breitet sich fast schon die Überzeugung von der Zwangsläufigkeit eines Zerstörungsprozesses aus. Die Zerstörung am 11. September kam plötzlich „wie der Dieb in der Nacht". Seitdem herrscht das Gefühl: Überall kann der Terror zuschlagen. Die Angst vor einem Tod und Zerstörung bringenden Terror untergräbt ein natürliches, selbstverständliches Gefühl von Sicherheit, auf das Menschen in ihrem Planen und Handeln angewiesen sind.

Der fundamentalistische Charme
der Endzeitstimmung

Das ist der reale Stoff, der sich bei manchen zu apokalyptischen Einstellungen und Bildern verdichtet. So fremd diese im Einzelnen scheinen mögen, so ist ihre Leistung für das seelische Erleben nicht zu übersehen. Sie schaffen Eindeutigkeit (1), sind Reaktion auf die immensen Beschleunigungserfahrungen (2) und bearbeiten die Fremdheitsgefühle in der Welt (3).

1. Das Wissen um den bevorstehenden Untergang kann Angst machen, aber auch ein Elitegefühl vermitteln: Ich sehe etwas, was Du nicht siehst: Den großen Zusammenhang all der schlimmen drohenden Katastrophen! Während die Masse bewusstlos dahinlebt, kennt der Endzeitprophet das geheime Gesetz, das hinter allem steckt. Er kann die Zeichen der Zeit deuten. Das hebt das schwer zu ertragende Unsicherheitsgefühl auf. Die Verführung des apokalyptischen Denkens beruht auf den klaren Fronten, der Vereindeutigung des Komplizierten und seinem fundamentalistischen Charme. Die neue Übersichtlichkeit, die eine Weltuntergangsstimmung schafft, wird in dem Maße attraktiv, in dem Zeitgenossen unter der Undurchschaubarkeit gesellschaftlicher und politischer Verhältnisse so wie unter der eigenen Bedeutungslosigkeit in ihnen leiden.

Endzeitstimmungen und -gedanken bringen die verwirrende Vielfalt der Wirklichkeit auf einen Begriff. Das Endspiel formatiert unterschiedliche Erfahrungen durch ein gemeinsames Muster, einzelne Erfahrungen von Üblem werden zur „Achse des Bösen". Widersinniges, Unsinniges und Undurchsichtiges bekommt plötzlich einen Sinn, einen schwarzen zwar, aber der scheint manchem immer noch besser als keiner. Man begreift die derzeitige Wiederkehr der Endzeitbilder nicht, wenn man nicht die Sehnsucht in ihnen entdeckt, der verwirrenden Wirklichkeit durch eine Deutung eine eindeutige Zielrichtung zu geben.

2. Weltuntergangsbilder entsprechen darüber hinaus unserem Erleben von Zeit. Das Ende der Zeit verkürzt die Gegenwart. Apokalyptik bedeutet, keine Zeit mehr zu haben. Der alte kapitalistische Grundsatz „Time is money", der uns mit seinem Zwang zur Beschleunigung schon lange bestimmt und ursprünglich nur für die äußere Welt galt, hat längst auch unsere innere Welt erfasst. „Stress" ist in der Umgangssprache zur Bezeichnung für das von Verständnisgarantie begleitete Gefühl geworden, gehetzt zu sein oder zu werden und unter einem Zeitdruck zu stehen. Weltuntergangsgefühle sind Ausdruck und Begründung von Hetze total, dafür dass Zeit endet, knapp und bald gar nicht mehr vorhanden ist. Die immer kürzer werdenden Halbwertzeiten von Wissen, Gebrauchsgegenständen und menschlichen Beziehungen lassen „Gegenwart" immer mehr schrumpfen. Das schenkt zwar den ständigen Reiz des Neuen, aber nimmt die notwendige Orientierungssicherheit in einem Zeitraum, der die Gewähr der Dauer hat und vertraut ist. Dass die mittlere Generation die Gegenstände ihrer Kindheit nun schon in Museen nicht ohne Nostalgie betrachten kann, zeigt sinnenfällig, wie die Gegenwart immer rascher ihre Produkte als Vergangenheit ausscheidet. Die Erfahrung, dass nichts bleibt und alles veraltet, ist allgemein. Der Stoffwechsel im Zeitverlauf wächst, die Vernichtungsgeschwindigkeit des Fortschritts wird höher und höher. Wie die Menge des Mülls mehrt sich auch Museales und vor allem unwiederbringlich Vergangenes. Wo soviel Untergang erlebt wird, bekommt die These, dass (bald?) alles untergehen wird, etwas zutiefst Plausibles, geradezu etwas Beruhigendes. Ist das große kosmische Endspiel doch nur die Verdichtung und Steigerung dessen, was wir tagtäglich im Kleinen so und so erleben, ohne es auf den Begriff zu bringen: Untergang.

3. Apokalyptik ist mit der Erfahrung des Fremdseins in der Welt verbunden und weist einen Weg aus dieser bedrückenden Spannung. Gesellschaftlich Ausgeschlossene schließen sich u. U. durch Endzeitphantasien selber ab und aus. Viele so genannte „Sekten", zu deren Wesensmerkmal die Differenz zur sie umgebenden Kultur gehört, sind und waren darum nicht zufällig in der Regel apokalyptisch ausgerichtet. Dualismus und Apokalyptik sind Geschwister. Randständigkeit, Isolation und Desintegration können auch die auffallende apokalyptische Aggressivität erklären. Es ist auffällig, dass gerade diejenigen Gruppen, die vor Jahren durch Massenselbsttötungen und Tötungen eine schreckliche Berühmtheit erlangt haben, auf ein nahendes Ende der Welt ausgerichtet waren: Die kalifornische Gruppe „Heaven's Gate" ebenso wie die Davidianer und die Sonnentemplersekte. Apokalyptik war dort sehr einseitig mit der Ablehnung „dieser Welt" verbunden, von der man sich radikal zurückziehen muss. Die radikalste Form der Absonderung von dieser Welt ist der Tod: als Selbsttötung oder als Weltzerstörungsphantasie. Man begreift die Wiederkehr der Endzeitstimmungen nicht, wenn man in ihnen nicht auch ein gewaltiges Aggressionspotential sieht: Das Fremde, Feindliche, das Andere soll und darf vernichtet werden.

Weltuntergangsszenarien können daher unter Umständen durchaus gefährlich sein. Endzeitbilder sind in aller Regel Bilder einer Zerstörung. Sie werden bei aller Anklage oder allem Schmerz auch immer von einem aggressiven Gefühl gespeist, von einer geheimen Zerstörungslust. In ihnen lebt eine schwer entwirrbare und unheimliche Mischung aus Hass und auch Trauer. Wenn ich und meine Welt selbst schon nicht ewig sein können und wir allenthalben Tod und Zerstörung erleben, dann soll doch bitte alles andere auch mit mir zu Grunde gehen. Endspiele sind selten frei von Selbstüberschätzung und Hybris. In der Wiederkehr der apokalyptischen Motive kann der alte Wunsch verborgen liegen, zu sein wie Gott. Gelingt es nicht, durch positive Werke dem eigenen Schaffen Endgültigkeits- und Ewigkeitswert zu geben, dann womöglich durch Zerstörung. Die Suggestionsmacht des Negativen und des Zerstörerischen kann zum alles beherrschenden Gefühl werden. Die heilsame Vielfalt der Wirklichkeit mit ihren lebensfördernden wie ihren zerstörerischen Tendenzen wird nicht mehr gesehen. Gott sei Dank ist die Welt aber in Wahrheit nicht auf einen Begriff zu bringen.

Endspiele – wohlgemerkt: nicht die christliche Vorstellung des Jüngsten Gerichts, aber die Idee eines sich stetig vollziehenden unbarmherzigen Gerichts des Neueren über das Gegenwärtige – sind darum in unser Bewusstsein tief eingeprägt. Reale Gefahren und Risiken aufnehmend, ordnen die Endspiele einmal die verwirrende Vielfalt der Wirklichkeit zu einer Gesamtschau und sind zum andern ins Universale gesteigerter Ausdruck der alltäglichen Erfahrung, dass nichts von Dauer ist. Keine Frage: Diese Apokalyptik des Untergangsprozesses verträgt keinen souverän so oder so entscheidenden Weltenrichter. Sie ist Konzentrat von Alltagserfahrungen – und kennt kein Gegenüber, vor dem sich die Welt verantworten muss oder der alle Welt verwandeln kann.

Zwischen Fiktion und Analyse

„Endspiele" treten und traten in den letzten Jahrhunderten in vier durchaus unterschiedlichen Grundformen auf:

- als Analyse – oder besser: Deutung – gesellschaftlicher Entwicklungen mit moralischem Appell,
- als poetische oder ästhetische Verdichtung von Krisenerfahrungen zum Ausdruck existentieller Wahrheit,
- als fiktionales, der Unterhaltung und dem Thrill dienendes Schreckgemälde oder bei so genannten Sekten

■ als neue Offenbarung oder neue Lesart der alten biblischen Offenbarung.

Vor allem seit dem ausgehenden 19. Jahrhundert erscheinen die apokalyptischen Motive der Religionen säkularisiert als Fortschrittspessimismus und/oder kulturkritische Krisenstimmung. Weltuntergang wird hier nicht als Eingriff einer jenseitigen Macht in den Weltlauf begriffen, sondern als beobachtbarer Prozess. Zeitgeschichtliche Erfahrungen wie der 1. und 2. Weltkrieg, die atomare Rüstung in den 50er und in den 80er Jahren des 20. Jahrhunderts sowie ökologische Katastrophen gaben Anlass für globale Untergangsszenarien. Die Deutung der Situation soll zum Handeln und zum Umsteuern motivieren. In der Malerei und besonders in der Literatur des 20. Jahrhunderts wurden daher immer wieder Endzeitstimmungen verarbeitet (Literatur des Expressionismus, später: Samuel Beckett, Friedrich Dürrenmatt, Christoph Ramsmayr u.a.). Der Tanz auf dem Vulkan oder der Untergang der Titanic werden zur Metapher eines Zeitgefühls (Hans Magnus Enzensberger, Hollywoodfilm von James Cameron 1997).

Es scheint, dass vagabundierende, säkular-eschatologische Kräfte zur Produktion von immer neuen Endspielen führen, nachdem christliche Eschatologien nicht mehr allein kulturbestimmend wirksam sind. Sowohl hinter der Endzeitstimmung als auch hinter den Proklamationen menschlichen Fortschritts steht dabei ein starkes Vergewisserungsbedürfnis. Beide Varianten sind Versuche, mit den Erfahrungen von Sinn- und Heimatlosigkeit des Menschen umzugehen: durch ein Fest, das die weite Welt zur Heimat machen will, oder durch die Inszenierung des Untergangs eines fremd gewordenen Globus. Man wird in dieser Vergewisserungsbedürftigkeit, um den Begriff des katholischen Theologen Hans Joachim Höhn aufzugreifen, eine „religionsproduktive Situation" erkennen können. An den Grenzen der Moderne taucht „Religiöses" – in unterschiedlichster Form – auf, um die Schattenerfahrungen der Moderne zu bewältigen: als Kult des Fortschritts oder als Kult des Todes.

Endzeit ohne Advent

Die Differenz zu christlichen Endzeitvorstellungen und -bildern zeigt sich in drei Punkten:

1. Säkulare oder nicht durch religiöse Tradition gebundene Apokalyptik lebt oft in einem Zwischenbereich von Ernst und Fiktion. Sie kann bisweilen spielerische Form haben. Am deutlichsten ist dies da der Fall, wo sie – auch – Unterhaltungsbedürfnissen dient. Sie kann freilich plötzlich und unvermutet in blutigen Ernst umschlagen.

2. Weltuntergang wird nicht nur als Schicksal, sondern als Folge zurechenbarer Taten ins Auge gefasst. Die Rede vom Weltende dient als Warnung vor den Folgen des Fortschritts. Weltuntergang wird moralisiert. Am Horizont taucht nicht der jenseitige Erlöser auf, sondern der heroische Mensch, der die Folgen des drohenden Untergangs abwenden kann.

3. Im Gegensatz zu religiöser Apokalyptik kann die Hoffnung auf eine neue Welt fehlen. Es gibt Endzeitbewusstsein ohne Erwartung neuer Zeit. Man spricht von kupierter Apokalyptik. „Abgeschnitten", kupiert kann die Apokalyptik auch in dem Sinne sein, dass sie ohne transzendentes Gegenüber auskommt. Der Weltlauf hat keinen Richter und erst recht keinen Erlöser. Auch so entsteht die Möglichkeit, dass sich Wissende und Erleuchtete selber heroisch zum Weltenrichter oder -retter aufspielen.

Leicht ist erkennbar, dass die kupierte Apokalyptik der oben (S. 52) skizzierten Entwicklungsspiritualität entspricht. So wie das Grundmuster christlicher Spiritualität primär beziehungsorientiert und auf ein Gegenüber ausgerichtet ist, so leben christliche Endzeitvorstellungen vom Kommen eines Neuen, das das Bisherige zum Alten macht. Das Endspiel ist eine Ankunftsgeschichte, ein Advent: „... von dort wird er kommen ...“

In einer Zeit, in der Endzeitstimmungen und -bilder aus mancherlei Gründen hof- oder besser gesagt: medien- und marktfähig sind, scheint es deswegen angebracht, noch einmal neu und genau nach dem spezifischen Endspiel zu fragen, wie es im Christentum in den alten Worten aus dem Glaubensbekenntnis angedeutet wird.

Ende als Ankunft

Das christliche Glaubensbekenntnis ist ausgesprochen zurückhaltend, was apokalyptische Bilder betrifft. Das Endgeschehen ist geradezu paradox ein Auftritt. Nicht Altes vergeht, sondern Neues geschieht, weil einer „kommen wird“. Das Glaubensbekenntnis konzentriert sich

- auf eine Person,
- auf den Hinweis auf ein bestimmtes Geschehen
- und ist mit einem charakteristischen Verständnis von Zeit verbunden.

In der Bibel sind die Vorstellungen von Endzeit nicht nur wie heute mit Weltuntergangsvisionen verbunden. In ihrer elementaren Grundstruktur sind sie auf eine Beziehung, ein Gegenüber ausgerichtet. Wie der christliche Glaube überhaupt ist auch die Apokalyptik im Christentum nicht entwicklungs-, sondern beziehungsorientiert. Endspiel bedeutet, dass Gott bzw. dass Christus machtvoll in Erscheinung tritt. Gott wird aller Ungerechtigkeit und Gewalt zum Trotz seine Schöpfung vollenden. Christliche Apokalyptik wurzelt daher nicht in einem Nein zur Welt, sondern im Ja des Schöpfers zu seiner Schöpfung und seinem Geschöpf.

Wegen dieser positiven Grundhaltung kann sie auch mit einem unverzagten und aktiven Lebensstil einhergehen. „Wenn morgen die Welt untergeht, will ich noch heute mein Apfelbäumchen pflanzen", soll Martin Luther gesagt haben. Ist diese Sentenz wohl auch nur gut erfunden, so drückt sich darin doch christliche Hoffnung aus, die über das eigene Ich und die eigene Generation hinausgeht. Biblische Apokalyptik verkürzt nicht einfach die Zeit, sie intensiviert gelassen die Gegenwart. Sie beschneidet die Zeit nicht einfach quantitativ, sondern wertet sie qualitativ auf.

Es gibt gerade heute zahlreiche Gruppen, die die Bedrohungsgefühle der Menschen sammeln und Methoden zu ihrer Überwindung anbieten. Bedrohungsszenarien geben den Überzeugungen Gewicht und machen Druck. Dabei wird stets dasselbe Muster variiert: Du musst jetzt in der Gegenwart dies oder jenes tun (dich unserer Gruppe anschließen, meditieren, dich in bestimmter Weise ernähren ...), um der zukünftigen Gefahr zu entgehen. Leicht ist erkennbar, wie dieses Denk- und Erlebnismuster auf dem kausal-mechanistischen Zeitverständnis aufbaut. Die Zukunft ist demnach die Folge und die Frucht von Vergangenheit und Gegenwart. In der Zukunft realisiert sich, was sich jetzt schon katastrophenförmig ankündigt oder was jetzt schon an – vermeintlicher – Rettung getan wird. Die Zukunft ist die Tochter der Gegenwart, sie ist hochgerechnete Vergangenheit und ohne Überraschung. Demgegenüber bringt christliches Zeitverständnis und besonders christliche Endzeitvorstellung die Zukunft als Adventus, als Ankunft von Neuem zur Erfahrung. Sie ist Begegnung und Geheimnis. Die Zeit vergeht nicht nur, sie kommt, wie es dem Grundsinn des Wortes Zukunft entspricht, mit etwas Neuem auf uns zu. Gottes Zukunft erfüllt nicht das in der Gegenwart so und so schon Angelegte, sondern seine Verheißung. Darum hat das christliche Endspiel zwar einen Schluss, den niemand kennt, aber eine Hauptperson, zu der die Christen schon jetzt ihr Antlitz erheben. Das Endspiel, von dem das Glaubensbekenntnis spricht, ist ein neues Spiel, weil es den neuen und überraschenden Auftritt eines Akteurs verheißt: Jesus Christus, der kommen wird, zu richten die Lebenden und die Toten. Nicht sichtbar, sondern verborgen beherrscht er jetzt schon die Szene.

Zeitgewinn statt Zeitdruck

Die Differenz zwischen dem Gang der Welt, also der Weltgeschichte, und dem Weltgericht ist darum für christliche Hoffnung grundlegend. Der Verlauf der Weltgeschichte ist nicht das Weltgericht. Hitler und Stalin haben nicht das letzte Wort. Das Weltgericht rückt zurecht, was die Weltgeschichte rücksichtslos in Unordnung gebracht hat. Gottes Endspiel gibt den alltäglichen Tragödien und Komödien eine neue Fassung und einen letzten neuen endgültigen Sinn.

Diese Glaubensüberzeugung hat durchaus lebenspraktische, das Handeln humanisierende Konsequenzen. Der Glaube an den zukünftigen Richter hilft dabei, Rachebedürfnisse nicht unmittelbar zu befriedigen, sondern mit ihnen produktiv umzugehen und sie zu sublimieren. Conrad Ferdinand Meyer hat in seiner Ballade „Die Füße im Feuer" eindrücklich geschildert, wie die biblische Überzeugung, dass die Rache Gottes Sache ist, die Kette wechselseitiger Gewalt unterbricht. Weil Christus der Richter über die Lebenden und die Toten sein wird, werden Handlungszwänge durchbrochen. Alternativen tun sich auf. Handlungsdruck weicht und Zeit zum Miteinander wird eröffnet.

In diesem Sinne wird man auch die schauerlichen Höllenschilderungen auf mittelalterlichen Darstellungen des Jüngsten Gerichts gerade nicht als Ausdruck zügelloser Aggressivität, sondern als Zähmung und Kultivierung von

Zerstörungslüsten interpretieren dürfen. Der Glaube an ein Jüngstes Gericht kultiviert Aggressionen. Auch die irdischen Richter stehen unter dem Gericht. Weil das Drama der unmittelbar erlebten Geschichte gerade kein Endspiel ist, in dem alles auf dem Spiel steht, wird Zeitdruck genommen. Wo der Richter geglaubt wird, der kommen wird, zu richten die Lebenden und die Toten, rückt irdisches Geschehen an den vorletzten Platz. Das grelle Licht und das finstere Dunkel der Weltgeschichte bekommt den ruhigen Glanz der Dämmerung eines noch ausstehenden Tages.

Das christliche Bekenntnis zu einem Jüngsten Tag und zu Christus als dem kommenden Richter legt die fundamentale Unterscheidung zwischen Gott und Welt, die für den christlichen Glauben grundlegend ist, aus. Der Glaube an den Jüngstes Tag meditiert und spielt die Differenz zwischen Gott und Welt in Bezug auf die Dimension der Zeit durch. Es gibt auf der einen Seite die große Weltgeschichte und die kleinen Weltgeschichten und auf der anderen Seite das Weltgericht, das die Christen mit dem Gesicht des richtenden Christus verbinden. Mit dieser Unterscheidung öffnet der christliche Glaube die vermeintlich schon endgültig geschlossenen Akten der Weltgeschichte. Der letzte Satz ist noch nicht geschrieben. Mächte und Ansprüche werden begrenzt und relativiert. Zur vernünftigen Prüfung ihrer immer nur begrenzten Reichweite und Gültigkeit wird ermuntert.

Christliche Apokalyptik zielt darum auf den Mut zum humanen Bestehen und Aushalten der Gegenwart. Der christliche Apokalyptiker ist einer, der sich des Endes vergewissert und dadurch jetzt Mut zum Leben gewinnt. Dies geschieht, indem Gott als Begrenzer und als Vollender der Weltgeschichte wahrgenommen wird. Es gibt eine Apokalyptik der Begrenzung und eine der Vollendung. Wir beginnen mit der ersten Dimension.

Gegenüber den Utopien der vollständigen Machbarkeit von Welt- und Lebensglück weiß der christliche Glaube um eine Grenze menschlichen Machens. Der Mensch ist endlich, sterblich, er lebt begrenzt in Raum und Zeit. Nur Vorletztes ist Gegenstand menschlichen Machens, Letztes ist Gegenstand menschlichen Glaubens. Im Verlauf der letzten Jahrzehnte haben zwar die großen ideellen Totalitarismen an Bedeutung verloren, aber im Kleinen und Privaten haben sich die unterschiedlichsten Heilsvorstellungen entwickelt – mit allen Folgen des Zwangs und des Drucks, die von solchen Letztwerten im Diesseits ausgehen können. Die Menschenkenntnis eines Martin Luther wusste, wie sehr Menschen versucht sind, sich den Totalansprüchen von Innerweltlichem zu ergeben, d.h. sie zu vergöttern: „Es ist der Glaube des Herzens, der da macht beide, Gott und Abgott", schrieb er im Großen Katechismus. Der jenseitige Gott ist die Schutzmacht gegen diese Totalansprüche. Er schützt damit zugleich die Freiheit und die Würde des Menschen, indem eine Dimension offen gehalten wird, die nicht durch Machbarkeit und die mögliche Verfügung von Menschen über Menschen ausgezeichnet ist. Der christliche Glaube an die Unverfügbarkeit des Endspiels stärkt die Überzeugung von der unantastbaren Würde des Menschen. Zweckfreie Kirchengebäude im Bild einer Stadt und Feiertage im Kalender erinnern daran, dass es noch etwas anderes gibt als die Zwänge und Kalkulationen dieser Welt.

Der Glaube an ein „Letztes", das nicht Gegenstand dieser Welt ist, macht alle Handlungen und Erfahrungen in dieser Welt zum „Vorletzten", wie es Dietrich Bonhoeffer genannt hat. Dem möglichen Terror sogenannter letzter drängender Fragen und Verbindlichkeiten auf der Welt und im Leben wird so wirksam gewehrt. Durch Weltgeschichte oder Weltgeschichten Bedrängte bekommen durch den Glauben an das Weltgericht den notwendigen Atem zum Leben. In dieser Welt gibt es schreckliche Tragödien und spaßige oder heitere Komödien, aber keine Endspiele, auch wenn die eigene Angst oder die Mächtigen solche immer wieder inszenieren und einem verängstigten Publikum einreden wollen, dass alles auf dem Spiel steht. Christliche Eschatologie wirkt geradezu enteschatologisierend und entapokalyptisierend in Bezug auf die Analyse der Welt und der Zeit. Kein Zufall war es von daher, dass gerade die neuzeitliche kritische Wissenschaft in der Welt des Christentums auf den Weg gebracht wurde – wenn auch am Anfang gegen kirchlichen Widerstand.

Es gibt die schöne Anekdote, dass im 19. Jahrhundert im Mittleren Westen der USA eine Parlamentsversammlung tagte. Da trat eine Sonnenfinsternis ein, und eine Panik drohte auszubrechen, weil man den Weltuntergang befürchtete. Daraufhin sagte ein Abgeordneter: „Meine Herren, es gibt jetzt nur zwei Möglichkeiten: Entweder der Herr kommt – dann soll er uns bei der Arbeit finden. Oder er kommt nicht – dann besteht kein Grund, unsere Arbeit zu unterbrechen."

Eine sich des eigenen fragmentarischen Blicks bewusste Sicht der Dinge kann die Gestalt eines heiteren, typisch christlichen Wissens um die Vorläufigkeit aller Widerfahrnisse und Erfahrungen annehmen. Solche Gelassenheit liegt möglicherweise nicht im Trend, aber sie gehört zu den kultur- und bewusstseinswirksamen Wirkungen oder Nebenwirkungen des Glaubens an Christus, der kommen wird, zu richten die Lebenden und die Toten. Auf der anderen Seite muss unter der Perspektive des endgültigen Heils, das von Gott kommt, die Welt und ein Menschenschicksal nicht schöngeredet werden. Tränen und Wunden brauchen nicht übersehen zu werden. Oft sind in den Geschichten der Welt und des Lebens nämlich kein Sinn und in einem Schicksal nur Rätsel zu finden.

Wenn es Christus und sein vollendendes Richten, Aufrichten und Zurechtbringen gibt, dürfen Dinge für Menschen uneinsichtig und Lebensgeschichten fragmentarisch bleiben. Trauer über die Verlustgeschichte des Lebens kann zugelassen und muss nicht unter dem Zwang zu positivem Denken verdrängt werden.

Das Reich Gottes als Macht

Indem das Glaubensbekenntnis einen künftigen „Auftritt" ankündigt, nimmt es ein Grundmuster gerade biblischen Denkens auf. Das Reich Gottes ist im Neuen Testament nicht eine andere Welt hinter der sichtbaren Welt, sondern der heilsame, lebendige Einbruch einer neuen Wirklichkeit in die alte. Die Rettungsgeschichten der Bibel von der Befreiung aus Ägypten bis zur Ankündigung der Heimkehr nach Zion und die Heilungsgeschichten Jesu zielen auf die befreiende Erfahrung der Überholbarkeit und Erneuerbarkeit irdischer Verhältnisse und Stimmungen. Das Jenseits ist in diesem Sinne „die Kraft des Diesseits" (E. Troeltsch).

Vorstellungen einer anderen, dem Menschen entzogenen Wirklichkeit können durchaus ihren Anhalt in Alltagserfahrungen haben: zum Beispiel darin, dass wir immer wieder erfahren, dass die Grenzen unserer Erkenntnis nicht die Grenzen der Wirklichkeit sind. Uns begegnen Überraschungen, Zufälle; wir fühlen Sinn in einem Moment, wo vorher alles sinnlos erschien.

In solchen Sinnerfahrungen erleben wir uns weniger als die aktiv Handelnden, sondern so, dass uns etwas begegnet oder widerfährt. Man könnte auch sagen: Nicht nur wir transzendieren, schreiten über Grenzen, sondern wir erleben, dass die Grenze sozusagen zu uns überschritten wird. Die Transzendenz ist eine Macht der Begegnung. Christen können dies als „Ostererfahrung" deuten: Der

Stein vom Grab wird weggewälzt gefunden (Markus 16,4), und auf dem Weg nach Emmaus (Lukas 24,13 ff.) geschieht eine Wandlung.

Der Machtcharakter der Transzendenz konzentriert sich in dem biblischen Bild vom Reich Gottes. „Das Reich Gottes kommt" – so fasst Markus die Botschaft Jesu zusammen (1,14). Das Reich Gottes ist wie ein Fest, eine Mahlzeit, zu der Einladungen ergehen. In den Gleichnissen vom Reich Gottes, die Jesus erzählt, geraten Erstarrte und Erstarrtes in Bewegung, Veränderungen ereignen sich. Das Jenseits ist nicht zu definieren. Es ist nicht allein deshalb zu definieren, weil es jenseits alles uns Vorstellbaren ist, sondern weil jede Definition den Himmel, den unbegrenzten, der über alle Grenzen geht, begrenzen müsste. Wir können den Himmel nicht „feststellen": nicht weil er jenseits des uns Vorstellbaren ist, sondern weil wir die Macht nicht haben, ihn „fest" zu stellen, ihn, der doch im Gegenteil Erstarrungen und Verfestigungen löst und zum Leben erweckt.

Das Jenseits begegnet in dieser Welt und bringt in Bewegung und hört damit nicht auf, wenn diese Welt ihr Ende gefunden hat. Der Schöpfer und Vollender der Welt hört in seinem Reich nicht auf, an seinem Geschöpf zu handeln, wie es in Offenbarung 21 ausgedrückt wird: Gott wird die Tränen abwischen, und das Neue Jerusalem wird herabkommen vom Himmel wie eine geschmückte Braut. Der Pfarrer hat Recht, der in der Beerdigungspredigt für eine zeitlebens an den Rollstuhl gefesselte Frau diese sich im Himmel tanzend vorstellt. Niemand verbietet uns zu hoffen, dass z.B. die als Babys verstorbenen Kinder im Reich Gottes in derselben Weise da sind wie ihre Eltern.

In diesem Sinne sind die Bilder zu begreifen, die um die Worte Auferstehung und Auferweckung kreisen. Mit „auferstehen" und „auferwecken" wird auf Vorgänge aus unserem alltäglichen Leben angespielt. Wir stehen vom

Schlaf auf, wir werden geweckt. Das Entscheidende ist, dass hier der Mensch als einer, der eine Geschichte hat, vorgestellt wird: Ihm widerfährt etwas von Gott. Unverzichtbar sind für das Christentum darum die Bildvorstellungen vom Jenseits, die den Menschen nicht nur gleichsam als Geistwesen, sondern auch in seiner Leiblichkeit ernst nehmen. Hierher gehören die biblischen Bilder vom Fest, von der Wohnung oder der Stadt, vom Überkleidetwerden (2. Korinther 5,3f.). Diese Bilder haben ihre Quelle und ihr Maß in dem Bekenntnis zu der bleibenden, durch den Tod nicht aufhebbaren Beziehung des Schöpfers zu seinem Geschöpf. „Wir werden bei dem Herrn sein allezeit" (1. Thessalonicher 4,17). Dies kann und darf durch alte und neue Bilder ausgelegt werden. Im Talmud heißt es einmal: „In jenen Tagen macht der Allmächtige, gelobt sei sein Name, mit den Seligen einen Tanz, und er selbst sitzt zwischen ihnen im Paradies, und sie sagen: Siehe da, das ist unser Gott ..."

Alle Aussagen über das Jenseits sind Symbole, keine Zwangsjacken, sondern Türen, die ins Weite führen. Sie weisen auf das, was auch alle Aussagen über Gott meinen: dass die Widerfahrnisse von Krankheit, Leiden und Tod, aber auch von Sinn, Gesundheit und Glück in der Welt niemals alles und das Ganze sind, sondern dass wir uns noch wundern werden. Auf mittelalterlichen Bildern sind die Seligen in Abrahams Schoß lachend dargestellt. Lachen ist eine Reaktion der Erleichterung, der Überraschung und der Befreiung. All dies wird das Reich Gottes sein – und noch viel mehr.

Das Jenseits erhoffen und
das Diesseits genießen

Der Glaube an die Vorläufigkeit menschlichen Handelns und Geschehens und an das von Menschen gerade nicht zu inszenierende Endspiel begrenzt Machtansprüche. Gegenüber den Utopien der vollständigen Machbarkeit von Welt- und Lebensglück weiß der christliche Glaube um eine Grenze menschlichen Machens. Der Mensch ist endlich, sterblich, er lebt begrenzt in Raum und Zeit. Das Bewusstsein, dass es für das Machen eines andern mit mir und für mein eigenes Machen Grenzen gibt, begründet die Freiheit, *endlich zu sein bzw. auch einmal etwas endlich sein zu lassen*, weil das Ende in der Hand des kommenden Richters liegt.

Die Unterscheidung zwischen letzten und vorletzten Dingen, zwischen Gott und Welt, bedeutet gewiss keine völlige Trennung. Der jenseitige, unverfügbare Gott ist als Schöpfer, Versöhner und Vollender auf die Welt bezogen und in ihr wirksam. Die Welt ist – in aller Relativität – durchaus eine verbesserliche. Das Gute und der Segen, der in ihr erfahrbar wird, ermuntert zum Genuss und zum Engagement, das die konkreten praktischen Schritte höher schätzt als die utopischen Ziele. Gerade so lässt sich das Jenseits unendlich erhoffen und das Diesseits endlich genießen (s.o. S. 70).

Zur christlichen Spiritualität gehört gewiss die Einsicht, dass Lebensmöglichkeiten verweigert und versagt werden (Dietrich Rössler). Der Mensch kann nicht alles, er ist auf Erden. Christlichen Spiritualität kennzeichnet aber andererseits, dass jeder Mensch mehr ist, als in seinen eigenen und überschaubaren Möglichkeiten beschlossen liegt: Es gibt die Erfahrung eines erweiterten und neu erschlossenen Lebens, das nicht selbstverständlich und nicht aus den ihm selbst zur Verfügung stehenden Ressourcen zu gewinnen ist. Die religiöse Sprache drückt dies mit den Formeln der Gnade und des Segens aus.

Das Bekenntnis zu Christus als dem Richter entlastet davon, in der Weltgeschichte schon das Weltgericht sehen zu müssen. Der Sinn der Weltgeschichte enthüllt sich uns jetzt noch nicht. Wie in einer Dämmerung ist er noch verborgen bis zum Jüngsten Tag. Der katholische Dichter Joseph von Eichendorff hat dies in einem Gedicht einmal mit einem andern Bild ausgedrückt: „Und keiner kennt den letzten Akt von allen, die da spielen, nur der da droben schlägt den Takt, weiß, wo das hin mag zielen."

Wenn das Glaubensbekenntnis Christus als das geheime Sinnzentrum der verwirrenden Weltgeschichte bekennt, so hat dieser Christus keine anderen Züge als die des Jesus von Nazareth. Er rief die Mühseligen und Beladenen zu sich, pries die Friedfertigen, Verfolgten und Leidtragenden selig, die, die hungern und dürsten nach Gerechtigkeit. Der Weltenrichter ist kein anderer als der, der selbst am Kreuz gerichtet, ja hingerichtet wurde. Weil er der Verurteilte ist, verbindet sich mit seinem Namen darum unauslöschlich die Hoffnung, dass sein Gericht nicht allein vergebender Freispruch sein wird, sondern ein für allemal aufrichtet und zurechtrückt, was verloren war. Sein Wiederkommen am Jüngsten Tag teilt dann nicht ein Strafmaß aus, sondern das maßlose, ewige Leben.

Christlicher Glaube ist in unserer Zeit nicht mehr
selbstverständlich. Das bringt mit sich, dass
Menschen wissen wollen, was das Besondere
dieser Religion ist. „Himmelsecho" ist eine
Einladung, die Grundmuster christlicher Frömmigkeit zu entdecken. Diejenigen, die neugierig
sind und ausprobieren möchten, wie nah oder
wie fern ihnen nicht einzelne christliche Lehren,
sondern die „Architektur" und das „Raumgefühl"
christlicher Frömmigkeit sind, werden in diesem
Buch fündig werden. „Himmelsecho" zeigt,
wie christliche Spiritualität einen Lebensraum
schafft, Geborgenheit bietet und verlockt,
Neues zu wagen.

ISBN 3-525-60415-7

9 783525 604151

Das Bekenntnis zu Christus als dem Richter entlastet davon, in der Weltgeschichte schon das Weltgericht sehen zu müssen. Der Sinn der Weltgeschichte enthüllt sich uns jetzt noch nicht. Wie in einer Dämmerung ist er noch verborgen bis zum Jüngsten Tag. Der katholische Dichter Joseph von Eichendorff hat dies in einem Gedicht einmal mit einem andern Bild ausgedrückt: „Und keiner kennt den letzten Akt von allen, die da spielen, nur der da droben schlägt den Takt, weiß, wo das hin mag zielen."

Wenn das Glaubensbekenntnis Christus als das geheime Sinnzentrum der verwirrenden Weltgeschichte bekennt, so hat dieser Christus keine anderen Züge als die des Jesus von Nazareth. Er rief die Mühseligen und Beladenen zu sich, pries die Friedfertigen, Verfolgten und Leidtragenden selig, die, die hungern und dürsten nach Gerechtigkeit. Der Weltenrichter ist kein anderer als der, der selbst am Kreuz gerichtet, ja hingerichtet wurde. Weil er der Verurteilte ist, verbindet sich mit seinem Namen darum unauslöschlich die Hoffnung, dass sein Gericht nicht allein vergebender Freispruch sein wird, sondern ein für allemal aufrichtet und zurechtrückt, was verloren war. Sein Wiederkommen am Jüngsten Tag teilt dann nicht ein Strafmaß aus, sondern das maßlose, ewige Leben.

Gemeindeliteratur / Spiritualität

Eberhard Busch

Credo

**Das apostolische Glaubens-
bekenntnis**

2003. 314 Seiten, Paperback
ISBN 3-525-01625-5

Was heißt es, in den Heraus-
forderungen der Gegen-
wart Christ zu sein? Das
christliche Glaubensbe-
kenntnis – in christlichen
Gottesdiensten zumeist
noch heute gesprochen –
eint getrennte Kirchen.

Das Buch informiert in einem ersten Teil über den
Sinn überhaupt eines Glau-
bensbekenntnisses und
über die Geschichte spezi-
ell dieses Bekenntnisses,
und legt in einem ausführ-
lichen Teil das apostolische
Glaubensbekenntnis neu
aus.

Anselm Grün /
Reinhard Deichgräber

Freude an der
Eucharistie

**Meditative Zugänge zur Feier
des Herrenmahles**

2003. 80 Seiten, kartoniert
ISBN 3-525-60409-2

Wer sich der Eucharistie
auf spirituelle Weise nähert,
wird feststellen, dass die
Kirchen einander hier viel
näher sind als es die öffentliche Diskussion um Fragen
der Lehre vermuten lässt.

So zeigen die verschiede-
nen Beiträge spirituelle
Wege zur Feier des Herrenmahles auf: Wege des
ökumenischen Lernens,
Wege der Meditation, Wege
der geistlichen Einübung.

V&R
Vandenhoeck
& Ruprecht